具体的な建築

観察から得る設計の手がかり

伊藤 暁

学芸出版社

具体的な建築

観察から得る設計の手がかり

はじめに

2010年の夏に和歌山県の古座川という町で遭遇した出来事は、今でも強く印象に残っている。その夏、私は友人と古座川を訪れることとなり、滞在中、農家のゴマ収穫を手伝う機会に巡り合った。夏の日差しが厳しい酷暑のその日、連れて行かれたのはゴマの乾燥が行われているビニルハウスだった。真夏のビニルハウス、想像するだけで汗が噴き出してきそうな場所の一角には、トラックの幌を引っ掛けただけの日除けが設えてあった。たった一枚の幌で覆われたその日陰に足を踏み入れた途端、身体にまとわりついていた熱気が一気に吹き飛ぶような、そのあまりの快適さに私は心底驚かされた。そして幌の下でゴマの実を殻から取り出しながら、この幌が作り出している環境と、その時私が日常的に取り組んでいた建築設計とのちがいに思いを巡らせることとなった。

仮に私が、いつもと同じような方法であの場所を設計していたとしたら、どんなことになっていただろうか。まず、どれくらいの温湿度なら人間が快適に作業可能なのか、具体的な到達目標を設定する。目標が決まったら、それを実現するための設えを検討する。例えば屋根に可動式の日除けパネルを設置して日照を調整できるような機構はどうだろうか。予算があれば電動式にしたい。そうすればなお操作は容易になる。もし予算が厳しければ既成のオーニングも視野に入れた検討が必要になる。既製品は凡庸になりがちなので、色々なメーカーのカタログをめくって極力すっきりした形の製品を探さなければならない。空調機や換気設備を導入すればさらに安定した温度環境が手に入る。空調機などの重量物を吊るすなら、屋根の骨組みは補強が必要だ。頑丈な骨組みを作るのなら、いっそのこと屋根や外壁はビニルではなくガラスにした方が耐久性も気密性も上げることができる・・・。とまあこんな具合に、あらゆる知見を総動員して、できるだけ精密に環境を調整し、確実に目標を実現する仕組みを構築することに尽力していただろう。こうした思考の範囲内に、性能のよくわからないトラックの幌といった類の選択肢は登場しない。

しかし、幌をかけただけの日陰は十分に快適だった。それはあまりに軽やかかつ鮮やかで、同時に、自分が普段取り組んでいる「設計的介入」の結果としてもたらされるであろうものが、とても鈍重に思えてしまったのだ。本当にここまでしないと設計したことにならないのだろうか。そもそも、設計とは何を目指して行われるものなのだろうか。私が「性能を把握できない」と除外していたあの幌が実現していた快適さは、設計では実現できないものなのだろうか。考えれば考えるほど、「建築設計」というものの外側に、実は広大で豊潤な世界が広がっていて、自分はその可能性を取りこぼしているのではないかという気がしてならない。それは、とてももったいないことなのではないだろうか。そんな思いを抱きながら街を歩いていると、そこかしこに「トラックの幌」と同じような工夫がなされている様子が目に入るようになってきた。こうしたものたちを観察し、収集し、分析することは、「設計」の可能性を広げてくれるのではないだろうか。それは決して「設計」をいいかげんなものに貶めることはないし、目的を蔑ろにするものでもない。むしろ建築を、より開かれた軽やかなものにしてくれるのではないだろうか。その手がかりを探しながら、私は日々、行く先々で観察を続けている。

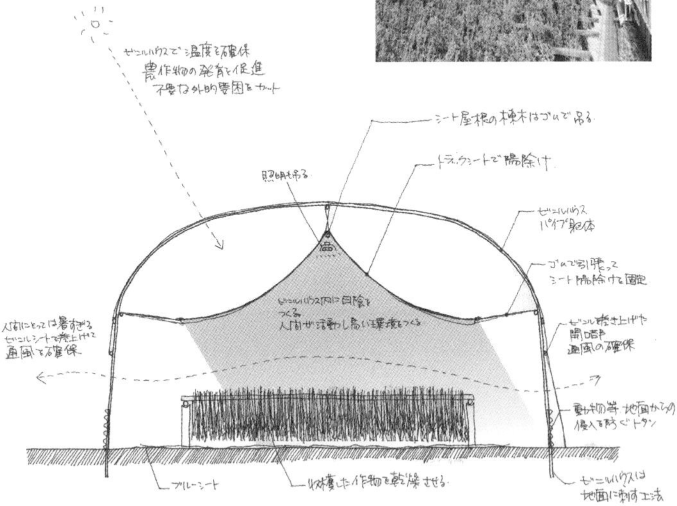

目次

具体的な建築

建築の現代性

おそらくほとんどの仕事がそうであると思うのだけれど、私は日常的な業務の中で建築物を設計しているとき、単に求められる設計条件を処理しているだけではなく、建築を通して現代の社会と向き合っている。それは、建築資材の値上がりや職人不足による建設費の高騰とか、感染症によるリモートワークの普及、あるいはCO_2削減のための環境性能向上や新技術の開発といったように、ダイレクトに社会からの影響を受ける類のものから、社会そのもののあり方を思案したり、これまでの歴史を振り返ったりこれからの社会を想像したりして、そのために必要な建築のあり方を探すというようなものまで、とても広い思考の幅を持っている。それはつまり「現代的に建築を考える」ということになるのだが、はたして現代的に建築を考える、とはどういうことなのだろうか。

私がいつも頭を悩ませているのは、「建築がいかに社会の変化に伴走しうるか」という問題だ。建築は常に社会の変化とともにあり、その変化に揉まれながら発展してきた。特に近代以降は、社会がそれまで経験したことのない速さの変化に直面したため、いかにそれに対応するか、どのように次の変化を予測するかが大きな課題となり、その問いは今でも継続している。こうした変化への応答、最先端の社会課題への取組みやその方法論を「現代的」と位置付けることも可能だろう。

しかし本当にそれだけでいいのだろうか。とある夏、徳島県の神山町という町で一人の町民から聞いた話は、そんな疑問を私に投げかけてきた。

神山町は人口5000人ほどの中山間地域で、2020年時点での高齢化率が54.3%と、数字の上では過疎化・高齢化のトップランナーのような町である。私はこの場所でいくつか建築を設計する機会に恵まれ、町に通い続けてきたのだが、その中で、町で営まれる豊かな暮らしや、そこで楽しそうに過ごす人々の生活を目の当たりにして、そもそもなぜこんなに魅力溢れる町が過疎化や高齢化といった問題を抱えるようになったのか、その原因は何なのかが気になるようになっていた。ちょうどそんな時に町民から次のような話を聞いたのである。

周囲を山に囲まれ大半が傾斜地である神山町。そこでの生活は斜面との付き合い方を伴いながら営まれてきた。近代化以前（というか、おそらく千年ほど前）、初めてこの場所で生活を始めた人々は傾斜地を開墾し、石を積んで平場を造成した。その貴重な平場は「生きるために一番重要なもの」、つまり家（宅地）と食糧（農地）のために使われることになる。農地で栽培されるのは、芋や麦など自給自足のための作物だった。ところが徐々に周辺のインフラ整備が進み、集落外や麓の市街地に出ることが容易になると、食糧を街で買ってくる、ということが可能となる。当然、街では魚や菓子など山では手に入れにくいものがたくさん売っていて、街との交易は生活を豊かなものに変えてくれる。この変化によって、街での買い物資金を得ることに合理性が生まれ、平場での栽培は芋や麦など「自分たちが食べるもの」から果樹などの「街で高く売れるもの」に変わっていった（相当儲かったらしい）。その後、街の需要に合わせて平場で栽培されるものは変化を繰り返すのだ

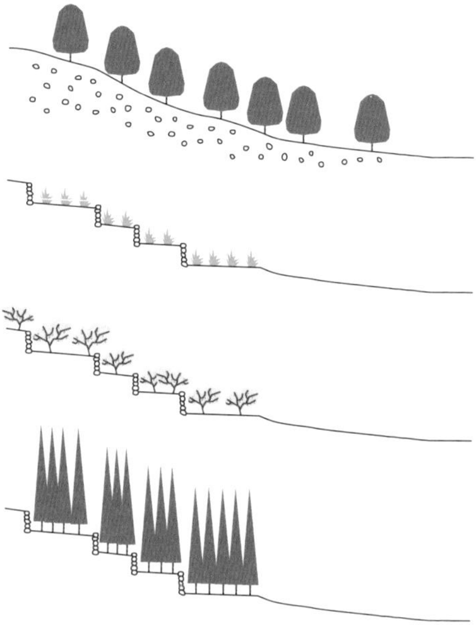

1
土と石が混在する傾斜地。

2
土と石を分け、石を積んで平場を造成。
食べるための食物（麦や芋など）を育てる。

3
流通が到来し、「自分たちで食べるもの」よりも
「売ってお金になるもの（梅など）」を作る。

4
住宅産業化時代。「お金になるもの」が変わると、
作られるものが変わる。（杉などの植林）

図1：神山町の山の変遷

が、戦後そこに現れたのが、膨大な住宅需要であった。空襲で焼け野原となった都市では復興のために住宅の供給が喫緊の課題で、建材として杉や檜の需要が一気に高まり、それに追随するように、山の平場には杉や檜が一斉に植林されることとなる。わざわざ樹木を伐採し石を積んで、生きるための糧を得る場として造成された平場は、社会の変化に応答しているうちに気づけば元の山林へと戻ってしまったのである。そして現在、国産材の需要減少に伴って木を伐ることも、山に手を入れることもままならなくなり、山は樹木に覆われている。こうして、かつて生活の基盤だった平場は、食糧を手に入れる術も、貨幣を手に入れる術も失ってしまったのだ。［図1］

　どうだろうか。一つ一つの変化は、「社会の変化」に合わせて、自分たちの資源を活用し、応答させ、生活を豊かにしようという極めて真っ当な取り組みである。それは時には成功し、大きな富や豊かな生活をもたらしもした。しかし社会の変化はどんどんスピードを上げ、応答したと思った時にはもう別のものに姿を変え、次の不適合を生み出している。私は、「変化への応答」を繰り返すことが、結果として町の持続性を阻害したのだというこの話を聞いて、背筋の凍るような思いをした。それまで私は、最先端の社会課題に向き合い、社会の変化を敏感に察知し、それに合わせて建築も変わっていくことが重要だ、という考え方に全く疑問を感じていなかった。しかし、もしやその志向が生活環境を持続させることを妨げているのだとしたら、自分の関わった建築によって、その場所や関係者が持っていた未来の可能性を閉ざしてしまっているのだとしたら、なんと恐ろしいことだろうか。この話を聞いて以降、「変化」について考えるということは、最先端の「現在」についてだけでなく、これまでの経緯や歴史的変遷など、時間軸を伴ったものでなければならないと考えるようになった。

漸進的な建築

一括りに「変化」といっても、そこには様々なスケールやタイムスパンがある。世界は一様に変化しているのではなく場所によってその様相は異なるし、また変化の中にはスピードが早いものもあればゆっくりなものもある。例えば地形は数千年、数万年という単位で徐々に変化するものでありながら、造成や埋立てのようにあっという間に土地の形が変わることもある。プレートが動くことによる変化、風雨や波などに侵食されることによる変化、人間が人力で介入することによる変化、重機や技術の進歩がもたらす変化…。地形に変化をもたらす要因は様々であり、重機が普及したらプレートの動きが止まるというようなことはない。新しく登場した要因だけに目を向けるのではなく、常に複数の要因が並走していることを見逃さず、その関係性に注意を払うことが大切だろう。技術の進歩は日々その速度を増していて新しい素材や工法の開発が止まることはないし、それを支える産業や貿易のあり方も常に変化している。一方で災害や戦争、感染症などが、当たり前だと思っていた前提を一瞬で覆してしまうこともある。しかし1日は変わらず同じ長さで昼間は明るく夜は暗い周期を繰り返し、一年は365日で夏暑く、冬は寒い。このように私たちが触れている時間や変化はさまざまな速度や周期を持っていて、それは容易にひとつにまとめられるようなものではない。人間の生活と密接に関わる建築は、このような速度の輻輳と共にあり、目の前の分かりやすい変化にばかり気を取られると、持続性を伴わない、スピードに翻弄されるだけの建築を生み出しかねない。

神山で町の変遷についての話を聞いて以降、私は「現代的に建築を考える」ということを、最先端の更新を探求するというよりは、様々な時間軸の中に漸進的な変化を積み上げていくような行為として取り組みたいと思うようになった。

ではどうすればいいのか。当初、その方法はよく分からなかった。漸進的である建築とは一体どんなものなのだろうか。悶々とそんなことを考えながら日々を過ごす中で、実は、そこかしこにある日常的な風景の中にヒントが溢れていることに気づくようになった。市井の建築には様々な速度の時間への応答が重なっていて、まさに漸進的な様相を呈している。それらは非常にゆっくりとした時間に応答した地味なものや、取るに足らない些細なものがほとんどで、「最先端の課題」のような派手さとも縁遠い。しかし各所に素直さがあり、工夫があり、切実さがあり、それらが複雑に重なり合い、絡まり合っている。そのような建築の在り様には説得力があった。自分が関わる建築もこうした複数の時間に対峙できる漸進的なものであってほしい、そんな思いから、私の観察は始まっている。

観察の有用性、搾取、ノスタルジー

このように、私はどちらかというと素朴な問題意識で観察に踏み込んでしまったのだけれど、実は「観察」と「設計」の間にはそれなりに込み入った関係が存在している。これまでも、とくに建築や美術の世界で、「観察」と「設計」は幾度となく近接を繰り返し、その度に両者がいかに関係しうるかという議論が繰り返されてきた。それがどんなものだったか、まずは「観察」が揉まれてきた経緯を簡単に振り返ってみたい。

「観察」を手がかりにした建築的アプローチ、その嚆矢は民俗学者の柳田國男に師事した今和次郎と吉田謙吉による、1920年代の「考現学」だと言えよう。考現学はその後、コンペイトウ（松山巌・元倉真琴・井出建）によるリサーチ、遺留品研究所（大竹誠・中村大助・村田憲亮・真壁智治）のURBAN COMMITMENT、路上観察学会（赤瀬川原平・藤森照信・南伸坊・荒俣宏・林丈二・松田哲夫ほか）、メイド・イン・トーキョー（貝島桃代・黒田潤三・塚本由晴）などへの展開を見せた。他にもオレゴン大学と伊藤ていじの金沢調査をきっかけとし、宮脇檀や神代雄一郎らが発展させたデザイン・サーヴェイの流れや、西山夘三の生活調査、あるいは原広司の集落調査など、先達の試みは枚挙にいとまがない。

そんな中、松岡剛らが指摘しているように、「観察はいかに有用か」は繰り返し問われてきたテーマの一つである[*1]。宮脇檀らのデザイン・サーヴェイが自然発生的に形成された街並みや村落を調査し、その分析から都市計画のデザインソースとして活用可能な知見を得るという有用性を見出そうとしていた姿勢に対し、遺留品研究所は、こうした調査は現実の都市の状況から乖離していると批判し、安易に有用性を定義したり秩序を見出そうとしたりするのではなく、ありのままの状態を採取し、提示することを是としていた。路上観察学会もまた、パロディやユーモアを用いて有用性の脱臼を図り、建築史家の藤森照信は長谷川尭の『都市廻廊』や陣内秀信の『東京の空間人類学』などの真摯な取組みに対して、「古き良き秩序」にしか回帰しないと評している[*2]。

このようなデザイン・サーヴェイへの指摘について、どのように考えることができるだろうか。当たり前ではあるが、「観察」とは「すでにそこにあるもの」への眼差しであり、つまり、過去（どんなに頑張っても「現在以前」）に対する興味によって成り立っている。その視点がどれくらいの時間を相手にしているかの差はあれど、観察の対象に敬意を払えば払うほど、過去に対するポジティブな評価と結びつきやすい傾向を孕む。観察に関わる際は、このバイアスに意識的であることは重要な態度である。遺留品研究所や路上観察学会の指摘に通底しているのは、観察に有用性を担保しようという姿勢が、そのバイアスに無自覚なまま「観察」と「設計（創作）」を接続させ、「観察」から直接的に「正しさ」を導き出し、それを「設計」の免罪符としてしまう安易なフォロワーを生み出しやすいことへの警鐘だと捉えることができる。つまり、彼らの指摘はデザイン・サーヴェイそのものに対してというよりむしろ、予定調和的に過去を価値づけるための方便として観察が用いられることに向けられている。そう考えると、路上観察学会の「パロディ」や「ユーモア」、メイド・イン・トーキョーが用いた「ダメ建築」や「アホ・ドローイング」といったネーミングは、観察対象と距離を取り、批判的に向き合うための方法論だったと理解することができる。

有用性に溺れるなかれ、という遺留品研究所や路上観察学会の警鐘は真摯に受け止めなければならないが、しかし一方で、観察に有用性を見出そうとすること自体を、過去への回帰や浅はかで思慮に欠けるものだと一括りに卑しむのも短絡的だろう。「観察」は、対象からの剽窃や模倣といったある種の搾取、あるいは避けがたいノスタルジーなどと隣り合わせであることを自覚しつつ、それでもそこから設計に接続可能な知見を汲み取る方法は存在しうるはずだ。

時間と設計

では一方の「設計」はどうか。一般的に設計とは、何がしかの目的を設定し、そこに向かう意志を持って完成状態を描くことだといって差し支えないだろう。そして、それを担う人物が「設計者」と呼ばれる。建築に関して言えば、設計者の仕事のゴールは要求に見合った建物を竣工（完成）させることであり、制度的に竣工を記す建築確認申請の完了検査も、工事が終わり、利用が始まる前に行われる。「完了検査」が済むと建物を使うことが可能となるわけで、つまり「竣工」とは、この「工事が終わり、利用が始まる前」というほんの一瞬を示している。その凍結された一点に、時間の流れを意識する余地はない。多くの設計者は竣工後のあり方を思い描きながら設計を進めているだろうが、しかし竣工を境に建築は「設計」の外側に飛び出してしまう。

この「凍結された一点」を乗り越えるべく、建築に時間の概念を持ち込もうという試みは、これまでにも繰り返し行われてきた。その事例として、ここでは「メタボリズム」と「プロセス・プランニング」をおさらいしておきたい。

1960年代のメタボリズムや磯崎新の「プロセス・プランニング」は、時間的変動への対応性を持った建築をいかにつくり得るかという挑戦であり、設計手法の提示であった。メタボリズムは、「カプセルとコア」のように建物を動く部分と動かない部分に分け、建築に「代謝」や「成長」という概念を持ち込んだ。その宣言には「来るべき社会の姿を、具体的に提案する」「歴史の新陳代謝を、自然的に受け入れるのではなく、積極的に促進させようとするものである」といった文言が並ぶ*3。つまりメタボリズムは啓蒙的に未来像を示し、そこに至る過程としての「新陳代謝」を標榜した運動だった。その成果は1970年の大阪万博で花開き、多くのパビリオンを実現することとなる。しかし一方で、万博会場という囲われた楽園の外側にある現実の社会では、十分な成果を達成したとは言い難い。メタボリズムの理論は純粋培養器のなかで建築を成長させるようなものであり、有象無象の絡まり合う現実社会の中では十分な代謝を促すには至らなかった。

一方、磯崎の「プロセス・プランニング」は、もう少し抽象的だ。計画目標を固定する「クローズド・プランニング」と無限定なユニバーサルプランによる「オープン・プランニング」に対し、「スケルトン」と「エレメント」という構成要素を用いて、用途変更や改修といった時間軸上の変化を想定して建築を設計する方法論であった。ここで磯崎は、プロセス・プランニングがもたらす建築像として下記のように記している。

「建築に、時間的変動への対応性をもたせるとき、従来のように無限定にフレキシビリティを与えるのではなく、独立したエレメントになる単位空間が、連結的に展開すること、それをある時点で切断したものをそのまま建築とみなそうというみかたである。そこで建築は常に未完成な状況そのものとなる」*4。

ここで磯崎が示した「切断」とは、「概念としては未完成な建築を、物理的に完成させる」という、アクロバティックな手続きの方法である。

このように、メタボリズムもプロセス・プランニングも、概念としては大きな成果を残しながらも、物理的な建築物が固定的な状態を脱するには至らなかったと言わざるを得ない。設計者は建築を竣工させなければならず、一旦竣工した建築は、気軽に動かすにはあまりに大きく、重い。2022年の夏、メタボリズムの具現化であった中銀カプセルタワー解体の際、建物から切り離され初めて宙を舞ったカプセルの姿は、この建築が、動かし難い「概念の結晶」であったことを示しているようであった。

一方、建築史学者の加藤耕一は、『時がつくる建築』の中で、歴史的に見ると「竣工」という状態は実は極めて特異なものであることを明らかにしている*5。加藤は、竣工を前提とし「建築」「建築家(設計者)」「竣工年」がセットとなって記述される歴史を「点の建築史」と位置付け、ルネサンス以降、特に近代特有のものであることを示し、それに対し建築を時間の変遷とともに捉える「線の建築史」の重要性を説く。「線の建築史」では、ある建築の部材が他の建築で再利用される「スポリア」や、数世紀に渡って増改築が繰り返される西洋の宗教建築、あるいはローマ時代の円形闘技場が軍事要塞や集合住宅に姿を変えながら存在し続けてきた経緯などを参照しながら、概念としてのみならず、物理的にも、建築とはそもそも社会の中で形を変え続けてきた存在だということを解き明かす。その上で、時間軸を伴って「線的」に建築を認知することを通して、「竣工」という「点」の存在根拠に揺さぶりをかける。

加藤の論考は西洋の建築が主な対象だが、この視点は西洋に限らず有効である。日本においても度重なる改修で建物形状が変わっている社寺仏閣はたくさんあるし、古い民家の調査をすれば、他の建物から転用された部材が見つからないことの方が少ない。こうした事例に触れると、建築とはその総体も、部材レベルでも、場所や時間を横断しながら動き続けるサイクルの中にあるのだと理解することができる。そこにはメタボリズムが標榜した「啓蒙的な未来像」も磯崎新が示した「切断」という手法もなく、そもそも建築とは時間的変動に都度対応し続けてきた存在であったことが示されている。建物の「竣工」は、このような建築のあり様とは切り離されたところで設定された、仮説的な概念だと捉えることもできるだろう。

では、建築の「竣工」が揺らいだとき、「完成状態」を描くはずの「設計」の役割はどうなるのだろうか。加藤が示したのは、普段私たちが慣れ親しんでいる「設計」という概念もまた、「竣工を前提とした近代的な枠組みの中での設計」であり、広義の「設計」のほんの一部に過ぎないという視点である。建築が流動的な存在なのであれば、設計もまた、建築を凍結された統合状態として扱うのではなく、さまざまな時間の中で動き続ける機能や部材がその大きな流れの中で暫定的に集合する、ある結合状態を導き出す行為だと定義することができる。あるものは長く結合し続けるかもしれないし、またあるものはすぐにどこかに流れていってしまうかもしれない。またしばらくすると、新しいものが漂着することもある。そんな流れの一部に与するように設計を行う。そこで求められるのは、全体性を標榜する統合の論理ではなく、集まっては散っていく様々なものたちを繋ぎ止める、場当たり的で小さく、時に矛盾する複数の論理と、その関係性を積み重ねていく思考だと言える。

機能は形態に従う

もう少し、建築と時間の関係について先達の言及を確認しておきたい。中谷礼仁は『セヴェラルネス＋』の中で、全く異なった視点から建築の可変性や時間との関わりについての重要な知見を提示している。

「具体的な転用は、対象となる事物にとってつねに外的な要求の出現によって生じる。転用を引き出すのは転用者の要求であり、事物に刻まれたかたちはその具体化の引き金となる。（中略）その際、その要求を実現する選択の幅は、事物のかたちを介在させるがゆえに、無限ではなく限定的である。小便器が現代芸術になろうとも、一方で原子爆弾にはなりがたいように、その転用の幅にはおのずとかたちとしての限界が存在する。つまり転用のメカニズムには要求側がしかける機会性とかたちの側の限定性とが共存しているのである[*6]」

ここで中谷が示したのは、どんな事物であっても（竣工というゴールに向かって統合された建築であっても)、その「かたち」は避けがたく複数の潜在的有用性を伴っているという事実である。もし建築が建設時の要求にのみ応答する唯一無二の有用性しか持ち合わせていないのであれば、当初の要求が変更したり、役目を終えたりした場合、その建築は解体される他なく、リノベーションやコンバージョンといった建物の「転用」は論理的に発生し得ない。しかし現実の世界では建築物の転用は至るところで行われており、ストック活用が叫ばれる昨今においては、その数はますます増加するばかりである。この事実が示しているのは、私たちが何か特定の目的に対して設計を行なっている時、そこでは同時に「まだ出会っていない何か」に対しても設計が行なわれているのだということである。しかし、設計時に「まだ出会っていない何か」が何なのかを知る術はない。なぜなら、設計時以外の可能性については建築側に決定権はなく、時間の経過や社会の変化と共に登場する「転用者」しかその可能性を選択し得ないからである。

それゆえ、設計者は変化の可能性に直接関与することはできない。ただし、中谷が述べている通り「かたち」がその限定性を持つ以上、「変化の可能性の限界」には必然的に関与してしまうことになる。「形態は機能に従う」とはあまりにも有名なテーゼだが、ここで示されているのは「機能は形態に従う」とでも言うべき視点である。つまり、機能は形態の根拠としてはだいぶ心許ないということであり、機能的な要求と建築のかたちの一対一の対応関係が切り離されたとき、特定の目的に合致した「唯一無二の原型」は原理的に設計不可能だということになる。設計者は、機能や用途とは切り離されたところにある「かたちの可能性と限定性」について、改めて考えてみる必要がありそうだ。

加藤や中谷の指摘は「特定の目的に向かって完成状態を描く」という設計のあり方そのものを否定するものではない。何より、設計は「特定の目的に向かって完成状態を描く」ことから逃れることはできない。しかし、設計者が「完成状態」を描いていても、そこには膨大な「その他の」可能性が引き寄せられていて、同時に限定性を規定しているのだということを教えてくれる。竣工とはゴールではなく一通過点であり、転用者が登場すれば異なる機能に姿を変えることもできる。建築とはそれくらい流動的なもので、設計者が設計しているのは「統合された完成状態」というよりむしろ、「差し当たっての結合状態」であり、「そのかたちの限定性」なのだということになる。

「どう設計されているか」を見る

さて、改めて「観察」と「設計」はいかに関係しうるのかという問いに戻ってみたい。

建築が「差し当たっての結合状態」のように流動的なものであるならば、設計者が提示しなければならないのは統合された建築の全体像というより、それがどのような部分の集合によって成立しているかという構成であり、各々の部分の組み立てられ方であり、その背後に広がる社会的(経済、産業、技術、文化、環境などの)連関である。それはまさに、市井の建築そのものではないだろうか。時にそれらは矛盾していて、しかし各々に切実さがあり、時間の経過がもたらす蓄積がある。そこには無数の判断が介在していて、さまざまなアイデアも溢れている。そしてその結果として、具体的にモノとモノが衝突し、ある形を成している。

こうした市井の営みをそのまま設計することは難しい。しかし、それらを観察することで、連関の中にどのような結節を作り得るか、その構築の手がかりを学ぶことはできる。私が観察を通して見ているのは、形態のネタではなく、形態を構成する事物の連関であり、形態の成立根拠である。つまり、ただ目の前にある形態だけではなく、それが「どう設計されているか」を見ているのだ。ただし、その連関を物理的な建築物にするためには、設計者はある形態を提示しなければならない。そしてまさにそのとき、設計者は提示する形態に「可能性」と「限定性」を付与することとなる。それは、ユニバーサルスペースのように建築計画が担保するフレキシビリティとはまた異なった、時間との向き合い方に他ならない。

そしてその先に、固定的な完成状態に陥らない、漸進性を備えた建築の姿が浮かび上がってくる。それは、世界をひっくり返すような事件性を帯びたものではなく、「古き良き」を標榜するノスタルジーでもなく、私たちの生活環境を取り巻く断続的な変化に与するようなものなのではないかと考えている。

＊1─『路上と観察をめぐる表現史』広島市現代美術館監修｜2013

＊2─『路上観察学入門』赤瀬川原平他編｜1986

＊3─『メタボリズムの未来都市』森美術館｜2011

＊4─『建築雑誌1967年9月号　プロセス・プランニングについて』磯崎新｜1967

＊5─『時がつくる建築 リノベーションの西洋建築史』加藤耕一｜2017

＊6─『セヴェラルネス+』中谷礼仁｜2011

本書について

2018年に、南青山のプリズミックギャラリーで「具体的な建築」と題した個展を開催した。本書は、そこでの展示内容をベースに加筆・改変し、再編集したものである。個展では、それまで私が設計してきた建物と、その合間に撮りためてきた観察の写真に簡単なコメントを添えたものを展示した。観察の写真は、いわゆる現代建築や都市の風景からヴァナキュラーやアノニマスといった言葉を連想させるものまで様々で、さらにはもっと雑多な、（狭義の）「設計」や「計画」といった行為の外側にあると思われがちな、人々の営みが直接表出したかたちがその多くを占めていた。展示から5年以上が経過したが、私の中でこうした対象への興味は失せることなく、むしろ高まるばかりである。

I

素材

建築を分解してみていくと、一つの建物が「床」「壁」「天井」「窓」といった部位に分かれていき、そこからさらに「柱」「梁」「下地」「仕上げ」といった部材に分かれていく。それぞれの部材は木、金属、コンクリート、石、土、樹脂などからなっていて、さらに例えば木ならスギやヒノキといった樹種、あるいは赤身・白太、板目・柾目といった具合に、その違いや特性は奥深くまで細かく定義される。建築とは、こうした様々な属性を持つ物理的な素材を組み立てていく技術体系だと言うことができる。

18世紀半ばに産業革命が起こり、ものづくりの世界に大きな変化が生じたことは周知の事実である。蒸気機関の発明、工場による集約的な大量生産体制の確立などはここでわざわざ述べるまでもないが、こうした技術革新の結果、建築には「鉄」「ガラス」「コンクリート」という新しい素材がもたらされることになった。鉄・ガラス・コンクリートは、やがて20世紀の近代建築を象徴する素材となるわけだが、そもそも単なる素材の革新が建築そのもののあり方まで変えてしまうような力を持ったのはなぜなのだろうか。

もちろん、新しい技術がそれまで実現しえなかった建築の作り方を可能にし、次々と新しい建築的な実験を誘発したことは想像に難くない。新しい架構、新しい外装、新しい社会構造、新しいライフスタイル。どこを切り取っても従来の建築を更新していく手がかりがあり、建築家たちが「新しさ」を語る糸口はそこかしこに溢れていた。そんな中でも私は、この革新がもたらした根本的な変化の一つとして、「素材そのものが工場で生産される」という点がとても大きかったのではないかと考えている。

それまでの建築は、基本的には建設現場の近くにあるものを寄せ集めて構築する技術だった。木が生えていれば木を、石が転がっていれば石を、砂しかなければ日干しレンガを作って建物を建てる。もちろ

クロアチア ドブロブニク。全ての建物が同じ素材、同じ構法でつくられている。

徳島県つるぎ町。環境と生活が拮抗する風景。

WEEK神山（徳島県神山町）。近くで伐採した丸太材で架構を組む。

ん例外的に遠方から持ち込まれるものもあったが、基本的にはその場所の特性が建材にできる素材を規定し、建築とは、これらの素材を組み合わせて作られるものだった。しかし鉄やガラスやコンクリートは、そこらに転がってはいない。それは誰かに発注され、工場で生産され、運搬される。「工場で生産される素材」は現場の外側からやってくるものであり、元々その場所にはない。つまり確固たる意志があって初めて選択される素材なのだ。

ずっと「そこらにあるものを使う」という前提条件の中で作られてきた建築は、産業革命によって初めて、「意志を持って素材を選択する」という自由に直面することとなった。この自由の魅力は強力で、遠くに物を運ぶための流通経路や取引の仕組みなどが一気に整備され、どんなに遠くてもスムースに物が運ばれる世界が加速していく。現在の建設現場を見渡してみると、国内にとどまらず世界各地から運ばれてきた建材で溢れかえっている。鉄とガラスとコンクリートから始まった建材の移動は瞬く間にあらゆる建材に波及し、気づけば元々は近くに転がっていた木や石のようなものでさえ遠くから現場に運ばれてくることが日常茶飯事となった。すぐそばで林業をやっているような場所であっても、海外から輸入された木材が使われていたりする。高度に発達した流通経路は、地場の木材よりも外国から輸入された木材の方が安価に手に入るという驚異的な状態を実現している。気づけば「そこらに転がっているものを集めて建てる」という行為はむしろ大変不合理で非効率的なものになった。こうして建築は、場所と切り離されていった。

だが建築が場所から切り離され、自由になっても、建築が建つその場所自体の特徴はそう簡単には変えられるものではない。冬寒かったり、夏暑かったり、風が吹いたり雪が降ったり、湿度が高かったり乾燥していたり、木が生えていたり石が転がっていたりする。どんなに流通の技術が進歩しても、周辺環境そのものを現場に搬入することはできないのだ。つまり、建築はある意味自由を獲得したが、同時に「場所のばらつき」という逃れられない不自由と関わり続けている。こうした不自由を少しでも乗り越えようと、日々技術は革新され続けているが、しかしこの不自由は果たして克服すべき相手なのだろうか。おそらく、その克服は不可能だろう。であれば、それを不自由とみなすのではなく、ポジティブに建築の価値に転換していく思考が重要となる。

得た自由を無理矢理手放す必要はない。しかし同時に、克服できないばらつきから目を背ける必要もない。両者を架橋し、その絡まり合いの中から建築を紡ぎ出す方法を考えることには大きな可能性が詰まっている。世界各地を広く見渡す「長い視点」と、近くにあるものを観察し採集する「短い視点」。大きかろうが重かろうが、それを凌駕して生産・加工・運搬する「大きな力」と、硬かったり柔らかかったり、軽かったり重かったりする素材の特性を活かしながら丁寧に取り扱う「小さな力」。そういう相反する属性を分け隔てなく取り扱うことで、この可能性を手繰り寄せることができるだろう。

工場と現場は矛盾しない。そのハイブリッドの方法を考えていきたいと思っている。

その場で手に入るものを使う

1

タイヤ垣

タイヤを積んだ垣。傾斜地の造成は、石があれば石を積み、石がなければオープンカットで造成可能な傾斜で土塁が設えられるといった具合に、その場にある材料を用いて行われてきた。

一方時勢の変化は「その場にあるもの」にも変化をもたらす。例えば廃タイヤ。かつてそこらに転がっていた石が積まれたように、タイヤが転がっていればタイヤも積まれる。時代によって転がっているものや手に入りやすいものは変わることがあるが、それでも「その場にあるものを積む」という行為は共通している。

では、「その場にあるもの」のメリットとは何だろうか。工場で材料が生産されるコンクリートであれば強度の管理が容易で、性能を想定した設計や施工を実現できる。しかし、そのコンクリートが劣化した時、再び工場での生産やそこからの流通に頼らなければ手当てをすることがままならない。しかしその場で手に入るものであれば、補修の際にも材料はすぐに手に入る。それは、竣工時に規定できる性能だけでは手に入れることのできない持続可能性を引き寄せることでもある。（とはいえ、マイクロプラスチックの問題などが顕在化した現在は、このタイヤ垣を無邪気に賞賛することはできなくなっている）

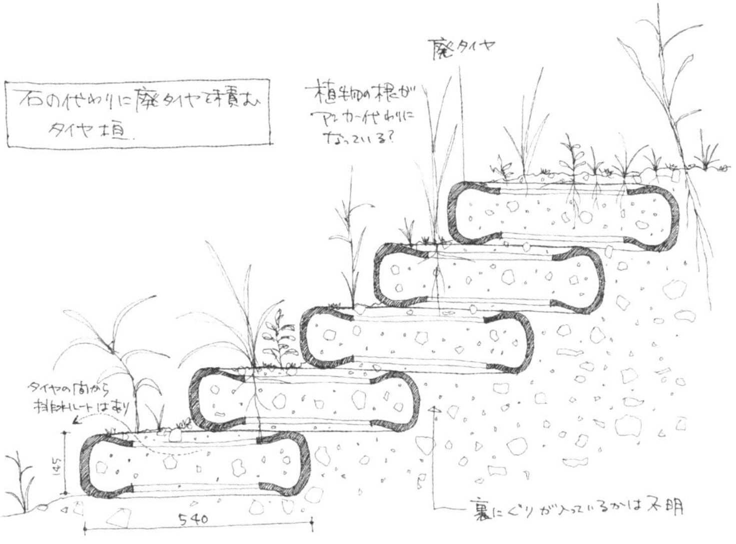
石の代わりに廃タイヤを積む
タイヤ垣
廃タイヤ
植物の根がアンカー代わりになっている?
タイヤの間から排水ルートはあり
145
540
裏にぐりが入っているかは不明

1

材の長さ

1 イタリア ピエモンテ州 — 2 スペイン オロト

様々な石の使われ方。組積造は小さなものを組み上げて建物を作るが、開口部のようなイレギュラーな場所では「まぐさ」と呼ばれる長い材が必要となる。長い石材が容易に手に入ればそれを使うが、そうでない場合は木材などが用いられることもある。開口を成り立たせるためには、とにかく「材が長い」ことが重要で、木なのか石なのかといった素材そのものの差異は二の次となる。近年ではコンクリートがまぐさとして使われる例も少なくない。

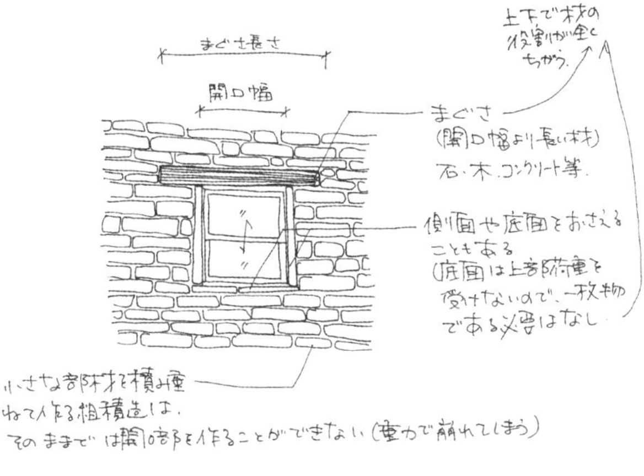
上下で材の役割が全くちがう。
まぐさ長さ
開口幅
まぐさ
(開口幅より長い材)
石・木・コンクリート等
側面や底面をおさえることもある
(底面は上部荷重を受けないので、一枚物である必要はなし
小さな部材を積み重ねて作る組積造は、
そのままでは開口部を作ることができない(重力で崩れてしまう)

1

重すぎると動かせない

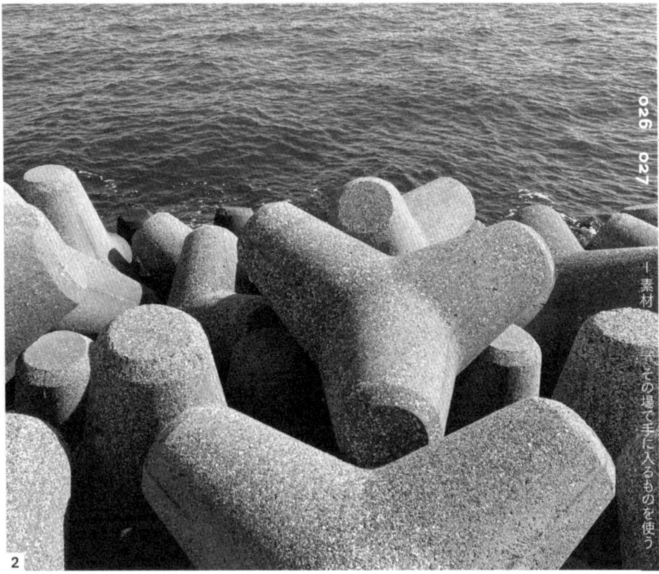

2

スペインのサンセバスティアンでは、天然石が無造作に海に投げ込まれ、消波帯として使われている。ここはバスク山脈とビスカヤ湾に挟まれた小さな街で、石灰岩が容易に手に入る。そしてわずかな平場を波に削られないためには消波帯の設置が必要で、その材料として2m角程度に削られた石灰岩がそのまま海に放り込まれている。石灰岩の比重を2.5程度とすると、一つの岩の重さはおおよそ20t程度だろうか。

一方、日本の港湾部でよく目にするコンクリート製の消波ブロックは0.5t〜80tまでサイズがあるらしいが、その重さゆえ運搬が困難で、基本的には設置する場所に型枠を持ち込んで、現場で打設される。「大きくて重たい」という条件が運搬の合理性を失効させ、「その場にある大きくて重たいもの」をそのまま使う、物がなければ「その場で作る」という選択がなされている。

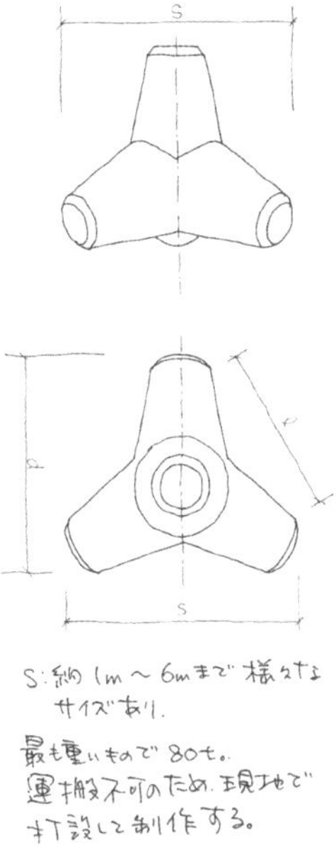
S
S
S:約1m〜6mまで様々なサイズあり.
最も重いもので80t。
運搬不可のため.現地で打設して制作する。

1 スペイン サンセバスティアン―2 神奈川県横浜市

1

植物も建材

生垣は樹木でできている。角材を立てて板を張ったりブロックを積んで作られた塀などに比べると、構築的な要素が少ないように思われるかもしれない。しかし実際は確固とした計画的意思がなければ作ることのできない、極めて人工的な造作物である。一定間隔で苗木を植え、それが倒れないように杭や支線を張り、樹木が育ってきたら剪定する。それには数年の歳月がかかり、ブロック塀が数日で出来上がるのに比べると長い時間がかかるが、むしろその分、ここに注ぎ込まれる人間の手数は多い（樹木が育った後も定期的に剪定しなければならない）。もちろんこの場所で育つことができる樹種であることが前提だが、角材や板材、ブロックなどと同じように、苗木は建材とみなすことができる。

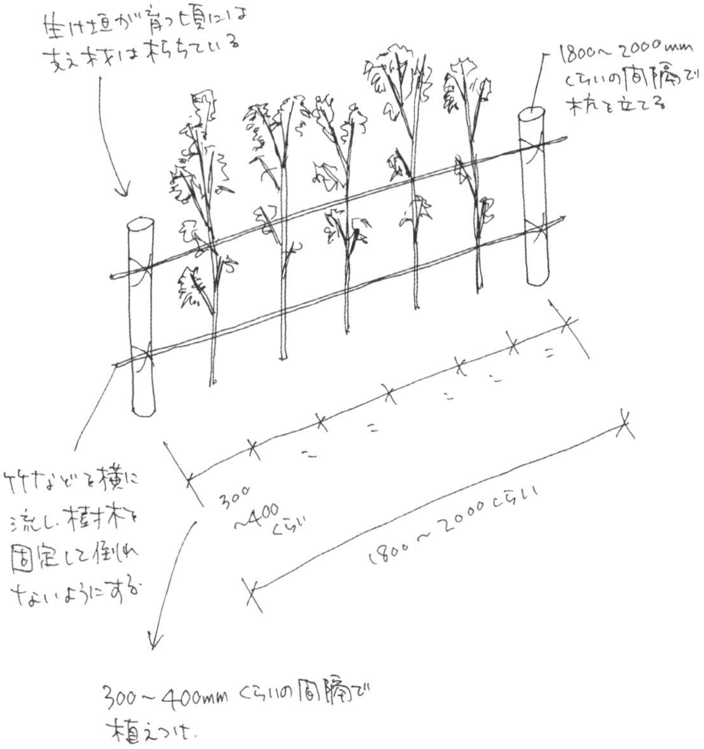
生け垣が育つ頃には
支え杭は朽ちている
1800〜2000mm
くらいの間隔で
杭を立てる
竹などを横に
流し、樹木を
固定して倒れ
ないようにする
300
〜400
くらい
1800〜2000くらい
300〜400mm くらいの間隔で
植えつけ。

1

部材から素材へ

ガードレールとトラックの荷台板で架けられた橋。実現したい状態があり、そのために必要なものを身近なところから探す視点はとても即物的で、雑念なく目的への最短距離が選択される。この方法は木材や石積みで橋をかけるよりもよっぽど簡単だ。石や木材など、元来この場所にあった素材を用いるのとは違う造作に見えるが、しかし目的に対して「その場で手に入るものを使う」手段が選択されている点は変わらない。ここでは、石や木材などと同じようにガードレールや荷台板が選択されているのだ。

石、土、木、ガードレール、これらの間に違いを見出すとすれば、「その場所にあり続けた時間」ということになるだろうか。石や土は数千年、数万年単位でこの場所にあり続けている。木材は、針葉樹であれば植樹されたのは数十年から百数十年前くらい、ガードレールやトラックの荷台板は十数年〜数十年くらいだろうか。

設計者として「その場で手に入るものを使う」という問題に向き合う時、どれくらいの時間を相手にするかによって選択の対象となるものの範囲は大きく変化する。

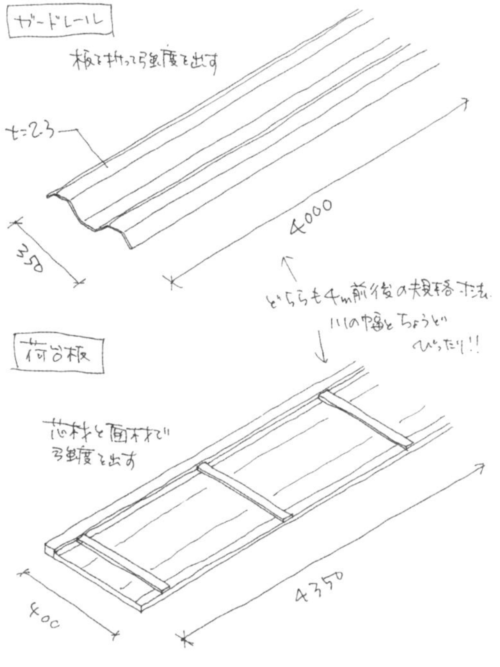

1

鉄のつっかえ棒

木製の塀の経年変化による倒壊を防ぐため、つっかえ棒として使われているのは、規格部材のスチールLアングル。「木製」とか「鉄製」という縛りはなく、手に入りやすい材料が選択されている。木材はそもそも近所の山から切ってくるものだったが、だんだんとどこかから買ってくるものになった。寸法が規格化され、流通網が整備され、今では市場、材木屋、ホームセンターなど、至るところで簡単に手に入れることができる。一方の鉄は工場で生産される素材で、近所に転がってはいない。しかしこちらも規格化された部材が大量生産され流通していて、入手は難しくない。鉄は木に比べて強度も耐久性も高いが、加工の難易度が若干高い。ただし農村には昔から農機具を制作・修理する鍛治屋がいて、大工が木材を加工するのと同様、ちょっとした鉄材の加工は日常的な作業の範疇だったと考えられる。

事後的に見ると、補強材（鉄）の方が元々の塀（木）よりはるかに強度が高いという倒錯が発生していることが気にかかるが、そもそも農村における木と鉄の差は、現在の私たちの認識よりもずっと小さかったかも知れず、ともあれ、ここでは「塀の転倒や崩壊を防ぐ」という目的は十分に果たされている。

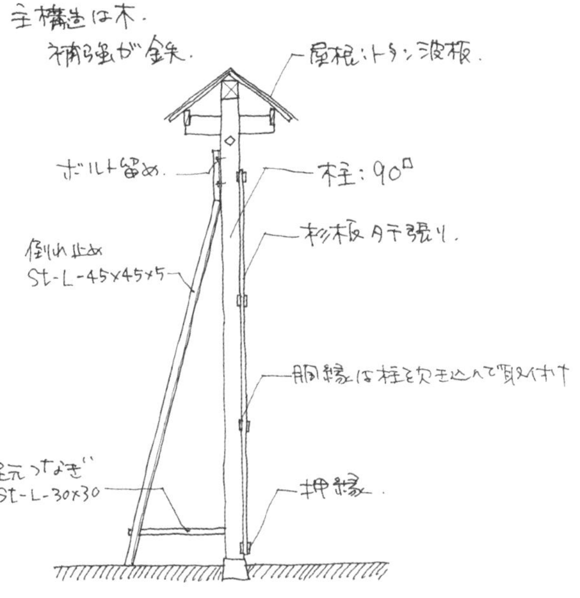
主構造は木。
補強が鉄。
屋根：トタン波板。
ボルト留め。
柱：90□
杉板タテ張り。
倒れ止め
St-L-45×45×5
胴縁は柱を欠き込んで取付け
足元つなぎ
St-L-30×30
押縁。

1

石積みと単管

石積みの建築に付加される、単管組のテラス。その場所、その時代で最も簡単に手に入る材料が直截的に選択された結果、地場の材料・工法と産業的資材がハイブリッドされている。建築を「保存」したり「修復」したりすることとは異なる、「使う」ための介入。「使う」ことを継続させていくために必要なのは、場の条件に身を委ねた都度の判断を積み重ねていく、こうした素直かつ場当たり的な態度なのだろう。

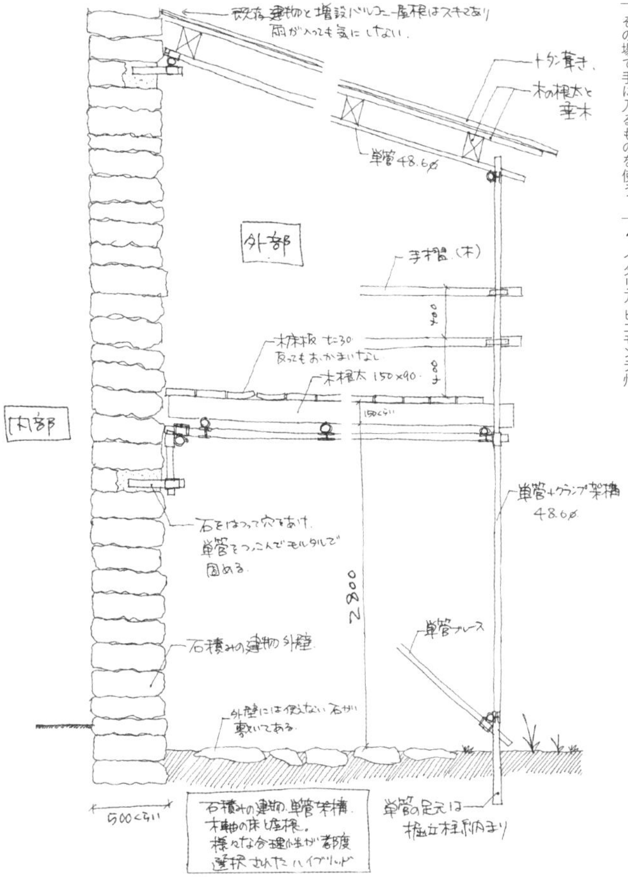

「絡まり」を見る――フランスの歴史家、フェルナン・ブローデルは歴史の時間を「地理的な時間（非常にゆっくりとしか変化しない地形や地質の歴史）」「社会的な時間（緩慢に動く人間集団の歴史）」「個人の時間（短く、急な個人の歴史）」の三層に分類しているが、世界各地の集落を訪れると、そこが三層の時間の絡まり合いの結果として立ち現れているものだと体感的に理解できる。

　集落にある建物に目を向けると、それらを構成する素材は「その場所にあったもの」から「他所から持ち込まれたもの」まで様々な出自を持っている。「前者」は「地理的な時間」に起因するもの、「後者」は社会、あるいは個人の時間によってもたらされたものが多い、などと分類することができそうだが、集落を眺めているとそのような分類よりもむしろ、各々の「絡まり合い」が気になってくる。「その場所にあったもの」「他所から持ち込まれたもの」といってもその「他所」は近くか

ら遠くまで大変幅広く、つまりどこまでが「その場所」でどこからが「他所」なのかを厳密に分類することは不可能である。土地の傾斜を平場に均すために積まれた石はその辺に転がっていたもので、その上を舗装するアスファルトやコンクリートはどこかの工場からやってきたものだ。近場から調達してきた木材で組まれた架構の上にポリカーボネートの波板が乗り、本瓦とスレートが同じように屋根を作る。かつては木製の建具だったところはアルミサッシに更新されている。一つの建物であっても、それを構成する素材の来歴は多岐に渡っていて、風景は、複合的でグラデーショナルに構成されているのだ。

建築を設計する時には場所の特性に頼りたくなるが、その場所を分かりやすく言い当てるような一点を見極めようとするのではなく、その場所の絡まり合いに輪をかけるように参加し、時間と場所の渦に身を委ねることが大切なのではないかと考えている。

徳島県神山町の集落

WEEK神山（徳島県神山町）｜撮影：山岸剛

WEEK神山（徳島県神山町）

WEEK神山———「WEEK神山」では、350Φの丸太柱を22本用いた架構を設計している。いわゆる木造構造材の規格からは逸脱した寸法の材で、図面に350Φの円を描いてみたのはいいものの、設計時にはどこで入手できるかが分からなかった。当時の私にとって木材とは「市場で買ってくるもの」であり、市場にあるのは概ね規格寸法に則った材に限られると考えていたからだ。

そこで町の製材所に、市場で350Φの木材が購入可能か聞いてみたところ、答えは「市場では売っていない」だったが、次いで「そこの山に生えているから伐りに行けばいい」と言われた。

その時の驚きは今でもたまに思い出す。「木が山に生えている」。何を当たり前のことを言っているのだと叱られそうだが、当時の私にとって、木は「市場で買うもの」であり「山から伐ってくるもの」ではなかったのだ。周辺を杉やヒノキに囲まれた場所で建築を設計しながらも、周辺の資源は全く視野の外にあった。いかに自分が近代的な生産・流通の範囲に閉じこもって建築を考えているかを思い知った出来事であり、場所と建築の関係について考え直すきっかけとなった体験だった。

材の特性に従う

1

2

左官と面材

昨今の建築のように、合板や石膏ボードなどの面材で壁を造作する場合、出隅はピン角とするのが素直な方法となる。板状の材料で曲面を作るには特別な部材や特殊な加工が必要で、手間もかかる。一方、左官は土という粒子を基材としているため、むしろピン角を出すことが難しい。角が丸い方が施工しやすく、また、壊れにくい（左官の出隅は割れやすい）。このように、どういった材料を用いるかによって、理に叶ったかたちが異なることには注意が必要である。

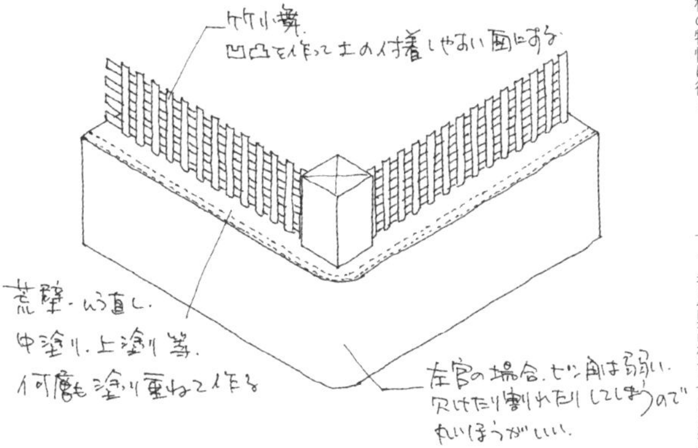

竹小舞.
凹凸を作って土の付着しやすい面にする
荒壁・むら直し.
中塗り・上塗り等.
何層も塗り重ねて作る
左官の場合、ピン角は弱い.
欠けたり割れたりしてしまうので
丸いほうがいい.

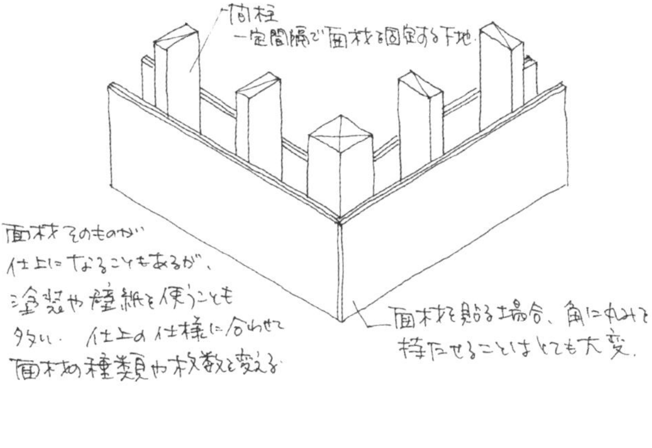

間柱
一定間隔で面材を固定する下地.
面材そのものが
仕上になることもあるが、
塗装や壁紙を使うことも
多い. 仕上の仕様に合わせて
面材の種類や枚数を変える
面材を貼る場合、角に丸みを
持たせることはとても大変.

1

2

3

固いものと柔らかいもの

建築は様々な素材の複合体であり、至るところで素材同士が衝突していて、その調整が「納まり」と呼ばれる。本来それぞれの素材には異なった硬さ、加工のしやすさがあるが、現代の建設技術はおおよそのものを加工できるので、素材の特性に配慮しなくても「納まってしまう」ことが多い。しかしひとたびその特性に目を向けると、もっと素直な素材の取り扱い方が浮かび上がってくる。例えば、硬いものと柔らかいものが取り合う時は柔らかい方を（例えば、木と石なら木を）加工する方が簡単であり、その簡単さに従うことで、材と材がぐっと有機的に絡まり合った状態を実現できる。（こうした加工技術は「光付け」と呼ばれる）

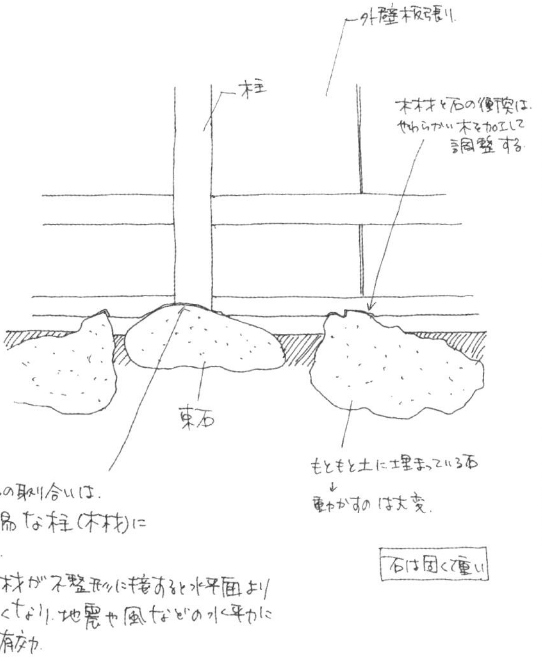
外壁板張り
柱
木材と石の衝突は、やわらかい木を加工して調整する。
束石
もともと土に埋まっている石
↓
動かすのは大変。
柱と束石の取り合いは、
加工の容易な柱（木材）に
手を入れる。
束石と木材が不整形に接すると水平面より
すべりにくくなり、地震や風などの水平力に
対しても有効。
石は固くて重い

1 広島県宮島町
2 アイスランド シンクヴェリトル
3 東京都檜原村

1

素材の強度と腐食

木の角材で作られた柵。腐食による木材の劣化を防ぐため、地面と接する部分は丸鋼が用いられている。また、地面は砂利敷きにし、水はねを軽減する配慮もなされている。さらに、柵が自立する強度を出すために、足元と同じ細い丸鋼で柵と壁を繋げることで転倒防止が図られている。この転倒防止策は物理的には木材でも可能だが、丸鋼を選択することで目立ちにくくなり、木材の存在のみが感じられるよう、配慮がなされている。材の選択と組み合わせに、美学的な意志と構造的な合理性、耐久性への配慮などが複合的に介在した結果がかたちに表れている。

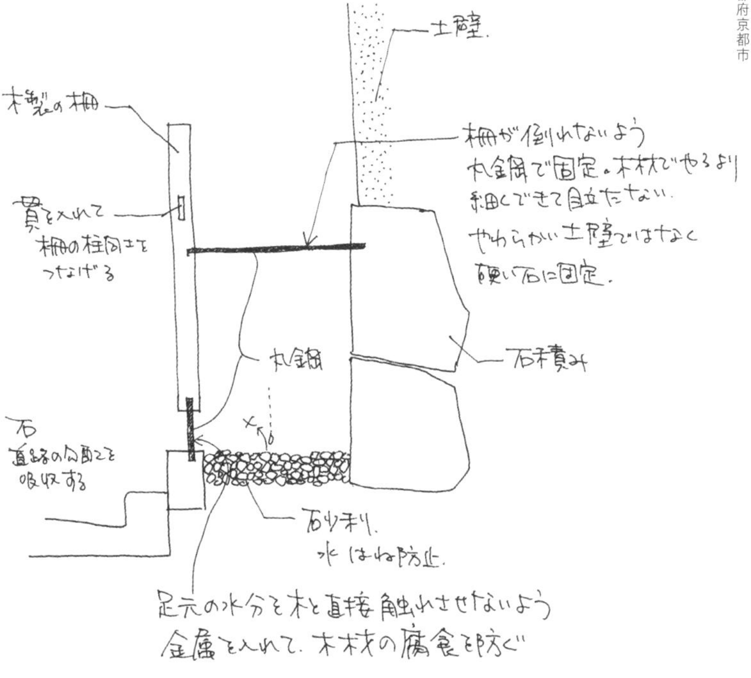
土壁.
木製の柵
柵が倒れないよう
丸鋼で固定。木材でやるより
細くできて目立たない.
やわらかい土壁ではなく
硬い石に固定.
貫を入れて
柵の柱同士を
つなげる
丸鋼
石積み
石
道路の勾配を
吸収する
砂利.
水はね防止.
足元の水分を木と直接触れさせないよう
金属を入れて. 木材の腐食を防ぐ

材の特性を活かす

石の集水口

枠も、蓋も、全て石で作られた集水口。石は硬くて重い、取り扱いの難しい材料だと思い込みがちだが、石が主要な建材として用いられていた地域では石材の生産や加工に関する発達した技術があり、こうした造作が実現される。石の場合、鉄のように細い材の組み合わせで開口率を上げることは困難だが、しかし十分な厚みを持たせることで強度を確保している。縁材は蓋の出隅部分をカバーするようにL型に切り欠かれていて、変形したりズレたりしにくいように配慮されている。材性を理解し、その特徴が素直に形態化されている。

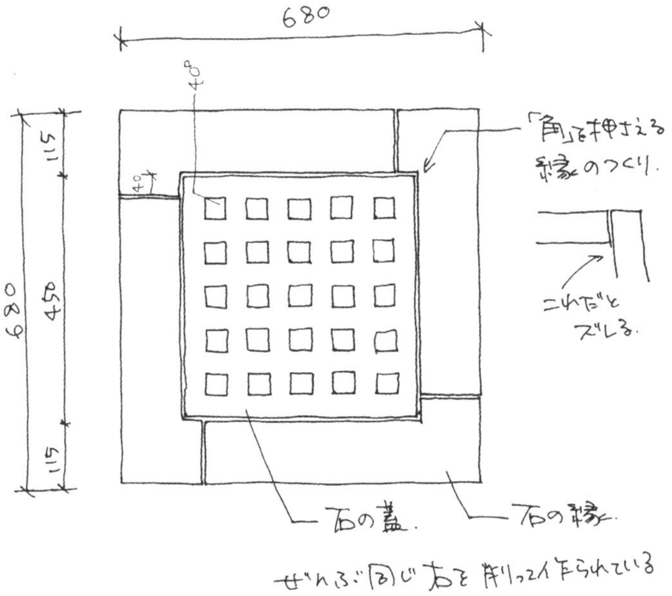
680
40
115
450
680
115
「角」を押さえる縁のつくり。
これだと
ズレる。
石の蓋。
石の縁。
ぜんぶ同じ石を削って作られている

1

粒度で使い分ける

「地面」とか「土」などと呼称されるものの中には、様々な大きさの粒が混在している。これをより分け、大きさごとに分類すると、それぞれが「素材」に姿を変える。

固めることのできる粒子状のものは犬走りや外壁に、小さな砂利は雨落ちに、大きなものは土留めとして使うことができるといった具合に、各々が役割を果たすようになり、この場所で求められる状態を実現している。「土」という物体を観察し、分析し、構成要素を把握する眼差しが、単なる物体を素材として読み替えることを可能にするのだ。現在の建設では、物流によってあらゆる素材が入手可能となっているが、そもそも建設は、その場所にある素材をどう使い倒すか、という視点と共にあった。

なおここでは、建物から離れる方向に徐々に低くなるようにレベルが設定され、雨水を去なす配慮がなされている。

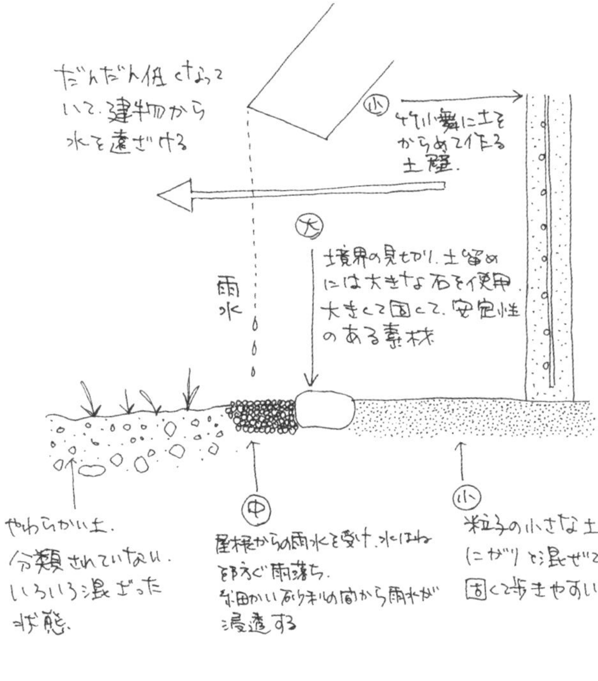
だんだん低くなっていて. 建物から水を遠ざける
小 竹小舞に土をからめて作る土壁.
大 境界の見切り. 土留めには大きな石を使用. 大きくて固くて. 安定性のある素材
雨水
やわらかい土. 分類されていない. いろいろ混ざった状態.
中 屋根からの雨水を受け. 水はねを防ぐ雨落ち. 細かい砂利の間から雨水が浸透する
小 粒子の小さな土を消石灰やにがりと混ぜて固める三和土. 固くて歩きやすい.

1

竹のバリエーション

竹は中が空洞で自重が軽く、根元が太くて先端ほど細くなる。表面は平滑で素手で触ることができ、靭性が高く曲げ加工が容易な素材である。写真の柵は、こうした竹の特性がふんだんに活用されている。

中空の竹稈を横たえ、太い穴に細い先端を挿して連結する。竹を割いた線材を曲げ、支柱に固定する。このように、「竹」という一つの素材から異なった使い方を見出し、それを総合的に組み合わせることで機能が充足されている。また、竹は成長が早く資材調達が容易で加工も簡単なため、朽ちた場合も速やかに更新することが可能である。

一方、地面に穴を開ける必要があり、交換に手間のかかる支柱には竹ではなく焼杭が使用されている。交換頻度と材料調達、加工の容易さが素材選定にダイレクトに反映されている。

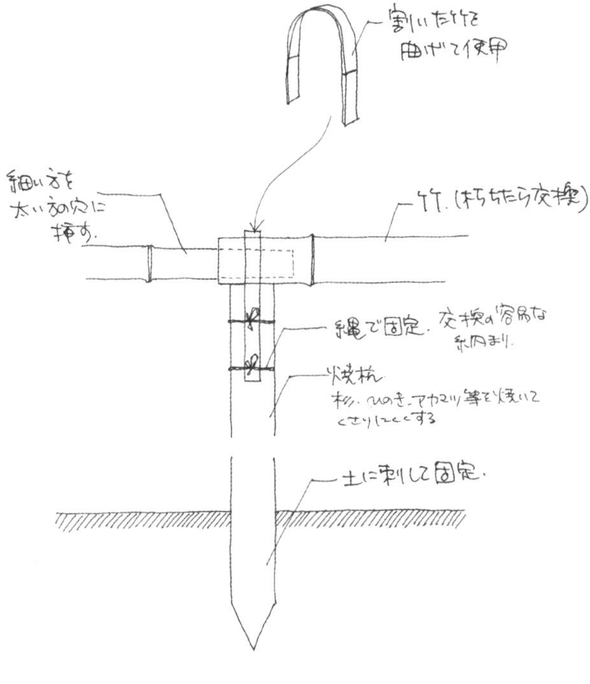
割いた竹を
曲げて使用
細い方を
太い方の穴に
挿す。
竹。(朽ちたら交換)
縄で固定。交換の容易な
納まり。
焼杭
杉、ひのき、アカマツ等を焼いて
くさりにくくする
土に刺して固定。

繰り返して上達する――――2015年、越後妻有トリエンナーレで危口統之率いる「悪魔のしるし」の「搬入プロジェクト」に参画し、搬入する物体の設計・施工を行った。材料は近くにある竹林から調達することを前提として物体形状の設計を行い、その後現地で竹を切り出し、それを割いて板状にしたものを編み上げている。竹は柔らかくて靭性が高く、直線的な造形には不向きだが、曲線を中心とした有機的な立体の造作には適した材料である。おおよその形状や編み方の方針は設計時に想定し、実際には現地で入手した竹の強度を確認しながら適宜部材を追加したり、組み方を工夫したりして制作を行った。全ての部材配置や接合方法を設計時に決め切ることはできないけれど、大

新潟県十日町市

まかな方針に沿いながら調整を行いつつ全体を組み上げていく作業は、まさに手に入れた材料や、その場所との対話を繰り返し、周囲の資源に対する解像度を上げながらかたちを組み上げていくようなものだった。おそらく、もう一回やったらもっと上手くできる。そんな反省と手応えを得た経験だった。

ヴァナキュラーな建築というのは、こうしたトライアンドエラーを繰り返しながら、少しずつ資源の使い方を引き寄せていった成果の積み重ねだと理解できる。ヴァナキュラーなものに向けられる視線は、近代化以前を想像するノスタルジーというよりもむしろ、こうした知見の積み重なりから学びを得る姿勢を伴っていることが大切なのだろうと考えている。

II

機能

建築の形態と機能の間にはどんな関係が成立しうるのか。これは一筋縄ではいかない、なかなか難しい問題だ。20世紀初頭、建築家のルイス・サリヴァンによって世に放たれた「形態は機能に従う（form follows function）」というあまりにも有名なテーゼは、一旦は建築界における「機能」の圧倒的優位をもたらした。一方、リノベーションやコンバージョンが一般化し、既存ストックの利活用などが重要な社会課題となっている昨今においては「機能」の優位性は揺らいでいる。今や、形態と機能の間に単純な対応関係が成立しそうにないことは明らかだ（そもそも機能と形態の間に厳密な対応関係が成立するのであれば、リノベーションやコンバージョンは不可能ということになってしまう）。では、建築設計にとって機能は考慮不要なものとなったのだろうか。

もちろん建築物が純粋なオブジェクトとして存在することは稀で、ほとんどの建物は何かしらの機能的要求を伴った目的を実現するために建設される。

人が住まうため、働くため、休むため、集まるため、あるいは物を製造するため、保管するため…。さらには、一つの建物に複数の機能が要求されることも多い。また、「目的」といってもそこには様々なレベルが存在し、例えば「学ぶ（学校）」や「つくる（工場）」のように建物全体が要求するものもあれば、ゾーニングや動線計画といった構成方法によって達成される目的、あるいは料理を作りやすいキッチン、握りやすい取手など、家具や部品レベルでの目的もある。

設計の際にはこうした目的の達成が標榜されて然るべきなのだけれども、しかし一

栃木県益子町。塀であり壁である。一つの物体が複数の機能を果たすこともある。

方で、設計時の目的が未来永劫持続するとは限らない。諸室の使い方や、建物そのものの用途が変わったり、事後的に機能や性能が要求されたりすることも多い。時間の経過に伴って形態と機能のズレが発生した場合、建築が即座に不良資産に陥らないためには、設計時の機能的要求は暫定的なものだと捉える姿勢が重要だろう。「機能」は設計の根拠としてはだいぶ心許なく、建築設計の必要条件ではあっても十分条件とはならないのだ。

リノベーションやコンバージョンとは、現状に何がしかの不整合が発生した時、建築をスクラップして新しく作り替えるのではなく、現状に手を入れてカスタムすることで問題を解消するための手段である。今あるものに手を入れながら、新しい整合性を獲得していく。そのために必要なのは、「機能と形態の結合」が固定的であり続けることではなく、変わり続けられる柔らかさや簡易さを備えていることだと言える。こうした柔らかさや簡易さが、柔軟に形態と機能の関係が更新され続ける状態を実現し、建築を持続させていくのではないだろうか。事後的な更新や改修までを含めて「機能」を捉え直してみると、新築時の建築の作られ方も、強いものから、変化に応答できる冗長性のあるものへと変わっていく必要があると考えられる。

機能的要求に対しては、形態を制御する支配的な条件として扱うのではなく、建築に関わる一つのパラメーターとして、即物的に応えるくらいがちょうどいいのかもしれない。

付け足して補う

1

2

車と橋の幅

元々何かの目的のために作られた物に対して、事後的に別の機能が要請されることがある。その要請に応える際、全てを作り替えるのではなく、足りないものを追加するという方法が有効な場合は少なくない。

倉敷にはかつて農業用に作られた水路が街中に張り巡らされている。水路が道路と宅地の間にある場合、出入りに必要な「橋」が各住戸に合わせて架けられる。かつては人が行き来できれば十分だったが、生活に自動車が登場すると、「車の回転半径」が橋の幅を規定することになる。橋の両脇に設えられた鉄板による拡幅は、車による「合理性の変化」に対応するかたちである。元々の橋はコンクリートだが、後から付加された部分は強度やかたちの調整が容易な素材として、鉄が選ばれている。

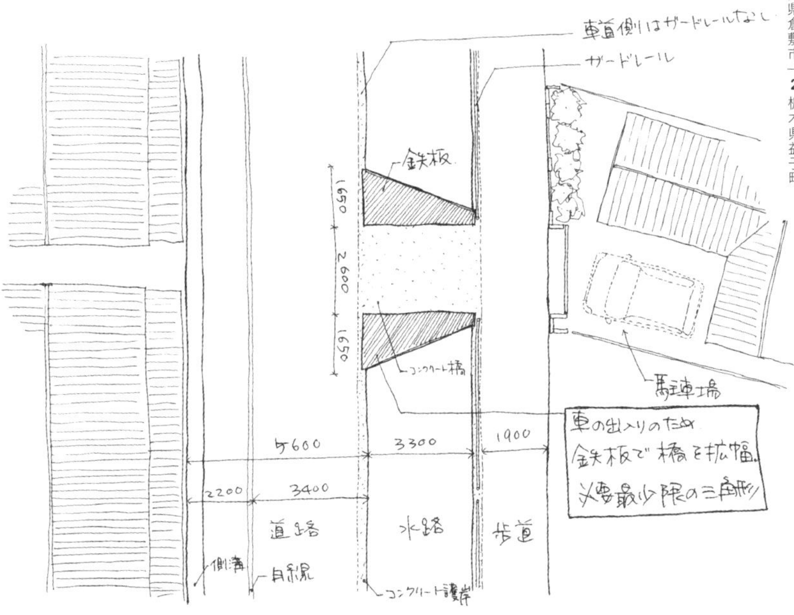

1

既成部材の組み合わせ

擁壁の階段に追加された手摺。L型アングルを組み合わせて支柱が構成されている。L型アングルは小断面で加工が容易ながらXYの両方向に強度を発揮する優れた部材で、汎用性が高い。これが擁壁の斜面に合わせて組み合わされており、丸パイプの手摺がUボルトで固定されている。L型アングルは加工という観点では扱いやすいものの、人の手で掴むには不適な形状であり、有り物を組み合わせているようで、配慮の行き届いた材料選定が行われている。

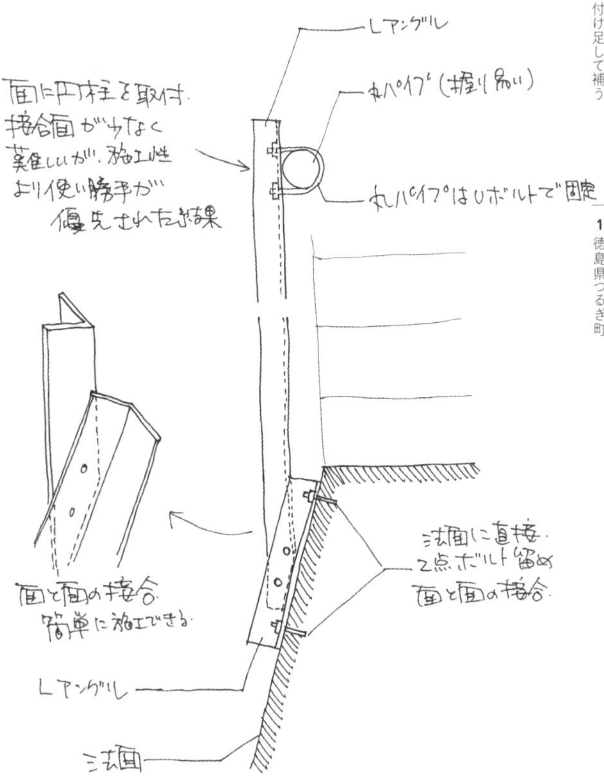
Lアングル
丸パイプ（握り易い）
面に円柱を取付. 接合面が少なく 難しいが、施工性より使い勝手が優先された結果
丸パイプはUボルトで固定
法面に直接. 2点ボルト留め 面と面の接合.
面と面の接合. 簡単に施工できる.
Lアングル
法面

1

足元を守る

外壁の足元に設置される「犬矢来」。外壁の下端は地面からの湿気を吸ったり、水跳ねがあったりと、建物の中でも傷みやすい部分である。その対処として耐久性のある素材を用いるなど外壁全体の性能を向上させる方法もあるが、犬矢来が実現しているのは「弱い部分だけ対処する」という方法。「外壁」の中にも部位によって、影響を受ける外的要因や要求される性能に差があり、万遍なく全体の仕様を上げることは時にオーバースペックとなる。犬矢来は弱い部分を適切にカバーし、腐ったり壊れたりしても建物本体に手を加えることなく交換が可能なように作られており、結果的に建物の耐久性を向上させることに大きく寄与している。

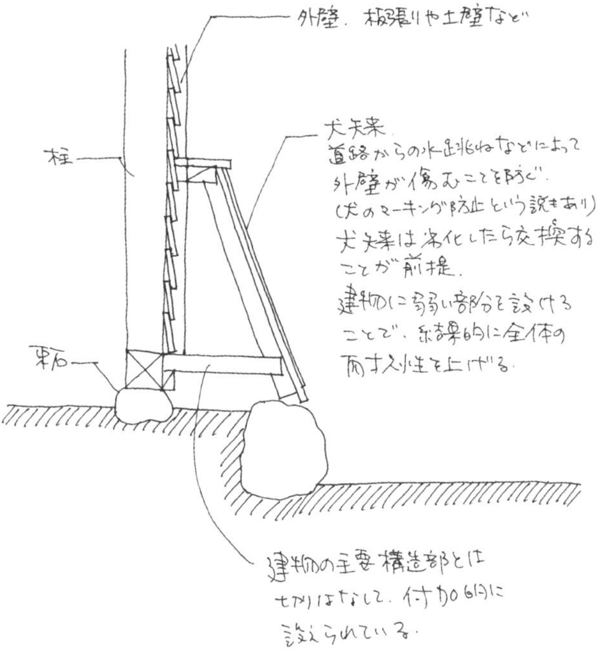
外壁、板張りや土壁など
柱
犬矢来
道路からの水跳ねなどによって
外壁が傷むことを防ぐ。
(犬のマーキング防止という説もあり)
犬矢来は劣化したら交換する
ことが前提。
建物に弱い部分を設ける
ことで、結果的に全体の
耐久性を上げる。
束石
建物の主要構造部とは
切りはなして、付加的に
設えられている。

1

地形に寄り掛かる階段

吹付コンクリートで固めた法面に鉄骨階段が取り付けられている。大規模な擁壁造成やコンクリートによる階段造作を行うことなく、地形に寄り掛かるように、高低差の克服が実現されている。一手で全てを解決するのではなく、簡素で場当たり的な介入の集積によって機能が満たされている状態であり、補修や改修、更新なども部分的で小さな介入が可能になっている。

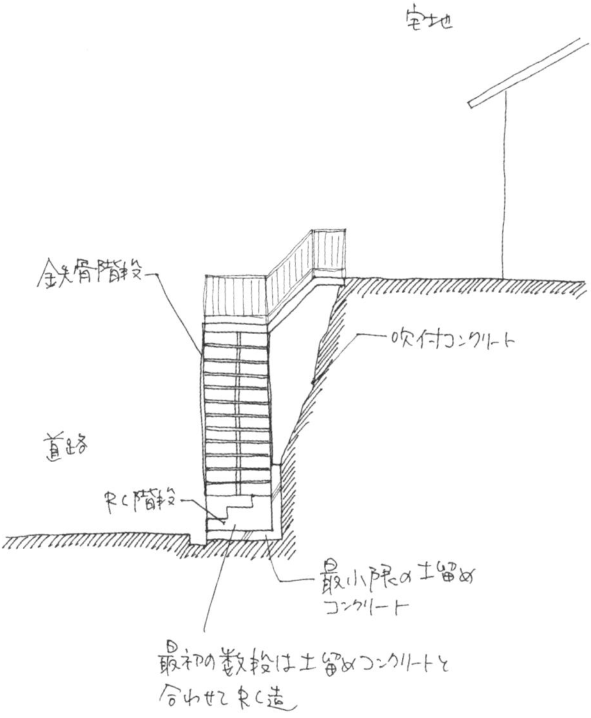
宅地
鉄骨階段
吹付コンクリート
道路
RC階段
最小限の土留め
コンクリート
最初の数段は土留めコンクリートと
合わせてRC造

Hangout
Café
Saturdays
All day breakfast menu
Open to the Public
from 9:00am - 2:00pm
Monday - Friday 8:00 AM - 4:00 PM
Saturdays 9:00 AM - 2:00 PM
Fresh Juice
Milkshake
Coffee
ORDER HERE
1

ビールケースでも十分

元々想定されていた機能に別の要求が加わったり、違う使い方をするようになったりした際、どのように対処するのがいいだろうか。大規模な修繕や作り替えに頼ることなく、その辺りに転がっている資材とちょっとした工夫で解決されている様子から学ぶことは多い。

左の事例のように、古い建物にあるカフェがテイクアウトのカウンターを作った。しかし、開口部は元々カフェのカウンターとして計画されたものではないので高さが合わない。開口部のかたちを変えたり、階段を作ったりと、色々な対処方法が検討できるが、ビールケースを置くだけで問題解決することもある。

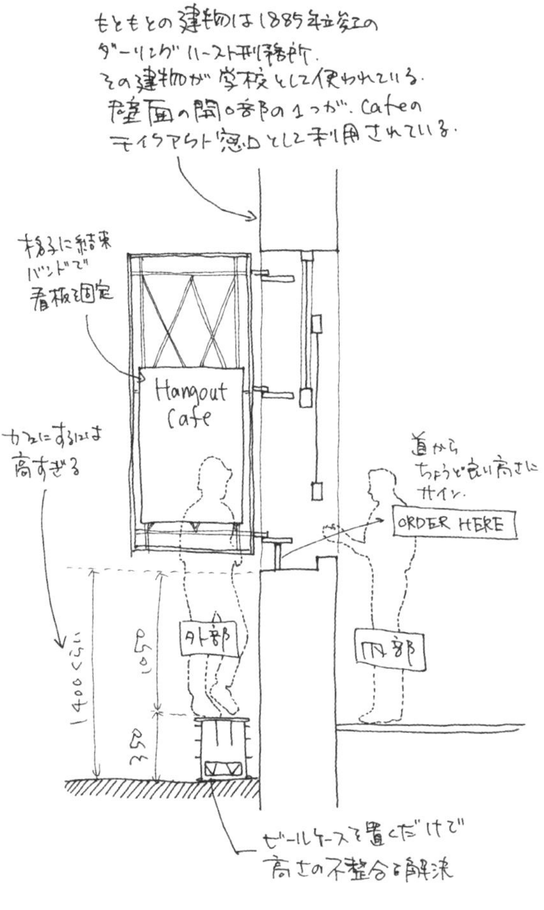
もともとの建物は1885年竣工の
ダーリングハースト刑務所.
その建物が学校として使われている.
壁面の開口部の1つが、Cafeの
テイクアウト窓口として利用されている.
格子に結束バンドで看板を固定
Hangout Cafe
カフェにするには高すぎる
道からちょうど良い高さにサイン.
ORDER HERE
外部
内部
1400くらい
1050
350
ビールケースを置くだけで
高さの不整合を解決

1

車輪への対応

傾斜地の住宅街に設けられた通路の変遷。元々の往来は徒歩のみで、階段によって通路が作られている。そのうち自転車やバイクなど「車輪」のついた交通手段が普及し、自宅までの動線が必要となるが、車輪にとって段差を乗り越えることはとても難しい。かといって新しい道を引くことは膨大な時間と費用を要するため、コンクリートを盛って段差を解消し、車輪でも移動を可能にするという場当たり的な対応で機能が解決されている。さらに、後付けの車輪用動線は、勾配の山側に付加されていて、谷側に設置された手摺の歩行者利用を妨げたり車輌が転落することがないようになど、絶妙にこの場所の特性を反映させた施工がされている。

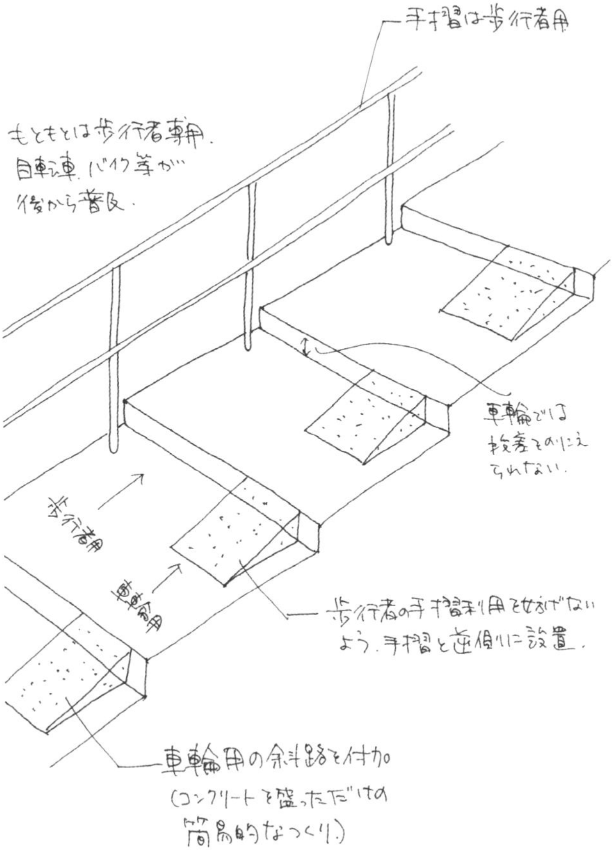
手摺は歩行者用
もともとは歩行者専用.
自転車.バイク等が
後から普及.
車輪では
段差をのりこえ
られない.
歩行者用
車輪用
歩行者の手摺利用を妨げない
よう.手摺と逆側に設置.
車輪用の斜路を付加
(コンクリートを盛っただけの
簡易的なつくり.)

ほんの庵（宮城県仙台市）

ほんの庵（宮城県仙台市）

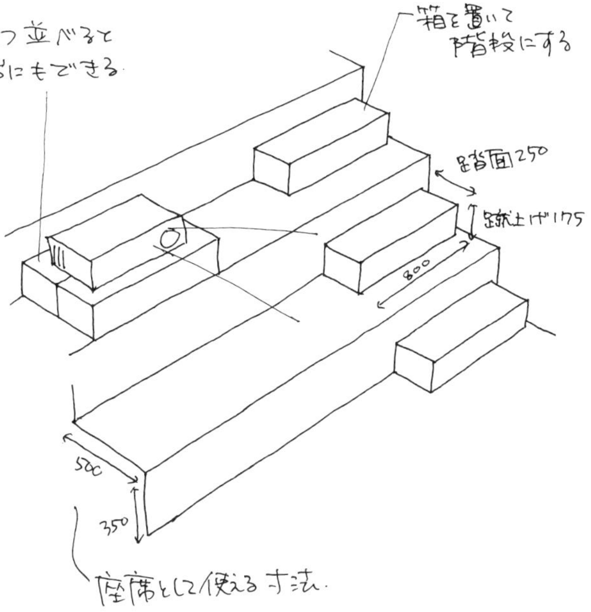
箱を2つ並べると
台にもできる
箱を置いて
階段にする
踏面250
蹴上げ175
800
500
350
座席として使える寸法.

ほんの庵―――「ほんの庵」は、講演会などを催すコミュニティスペースと小さな図書室を備えた住宅として計画されている。時には数十人規模の人が集ったり、膨大な蔵書を求めてやってくる人が思い思いにくつろいだりすることと、日常の生活を限られたスペースでどのように同居させるかを考えると、特定の機能に依存した計画では対応が難しい。その際、これまで見てきた、事後的な介入で場所の使われ方が更新されたり、拡張されたりしている様がとても参考になった。客席の中に移設可能な踏み台を付け足して階段を設えたり、今後の改変を誘発するように柱を落としたり、モノ同士を一体化せず、ぶつけるように納めたりして、予測可能な使い勝手の幅と、予測不可能な未来への余白を両立させるように設計を行った。

形態に直結する

1

2

3

4

可変の度合いを調整する

動かしにくくする技術。滅多なことでは動かさないが、いざとなったら動かすことができる。その頻度に合わせて、重さ・形態・素材・組立方法などが選択される。移動の頻度が高い場合は、動かしにくさと動かしやすさのバランスを調整することが重要であり、様々な工夫がされている。

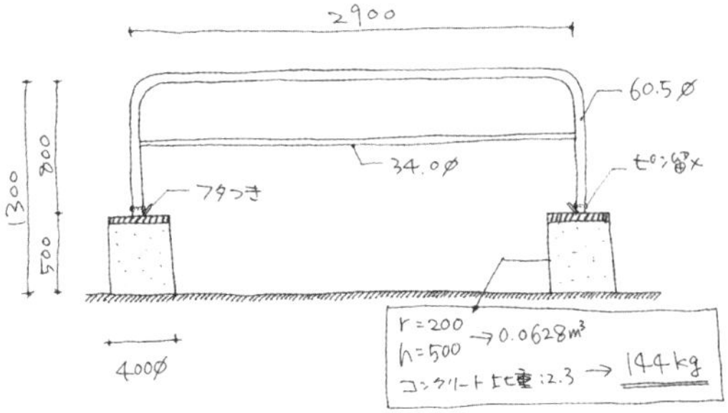

2900
60.5φ
34.0φ
ピン留め
フタつき
1300
800
500
400φ
r=200
h=500 → 0.0628m³
コンクリート比重2.3 → 144kg

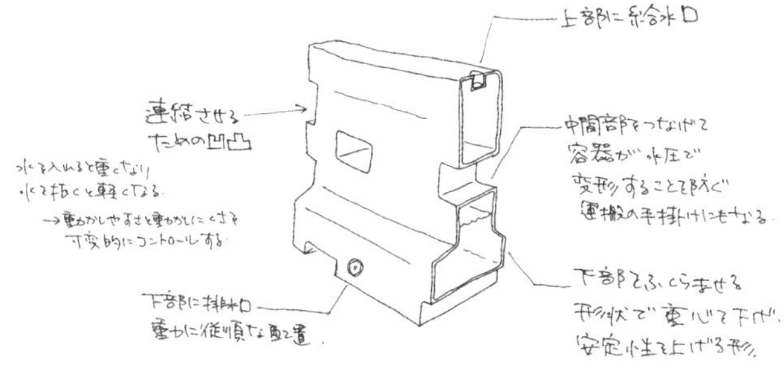

上部に給水口
連結させるための凹凸
水を入れると重くなり
水を抜くと軽くなる.
→動かしやすさと動かしにくさを
可変的にコントロールする.
中間部をつなげて
容器が水圧で
変形することを防ぐ
運搬の手掛けにもなる.
下部に排水口
重力に従順な配置.
下部をふくらませる
形状で重心を下げ.
安定性を上げる形.

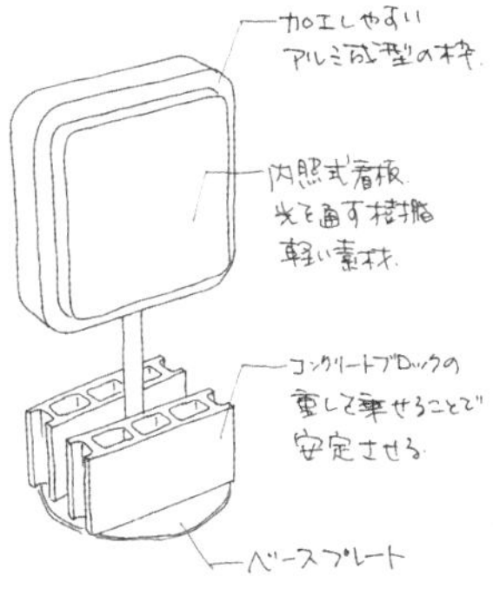

加工しやすい
アルミ成型の枠.
内照式看板.
光を通す樹脂
軽い素材.
コンクリートブロックの
重ねて載せることで
安定させる.
ベースプレート

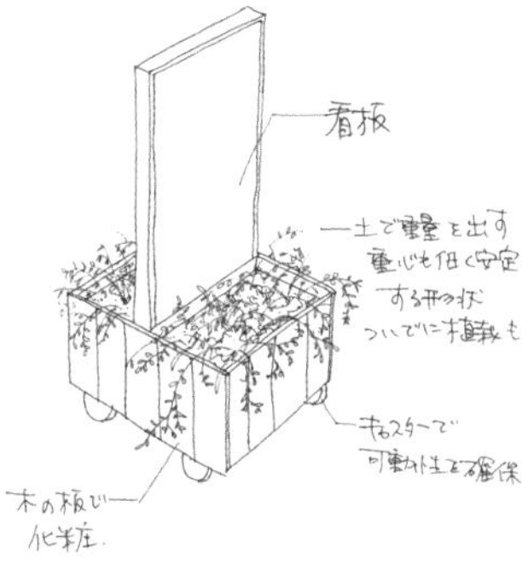

看板
土で重量を出す
重心も低く安定
する形状
ついでに植栽も
キャスターで
可動性を確保
木の板で
化粧.

素材
架構

設営・撤収・運搬———「具体的な建築」展の会場構成。仮設性と巡回展の可能性を考慮して、組立、解体、移設などが簡単に行える展示パネルのかたちを検討した。

コンクリートの柱脚に溝を彫った柱を立て、溝に合板を差し込みスリングベルトでテンションをかけて固定している。

重たいコンクリートの柱脚、加工の容易な木材の柱、面剛性のある合板、引張に強いスリングベルトなど、材の特性を活かし、ビスや接着剤だけでなく、工具も一切使わずに設営可能な展示パネルを作成した。スリングベルトを緩めればすぐに解体ができ、運搬や保管も容易な仕組みとなっている。

東京都港区

1

2

ボールを遮るかたち

「ゴルフボールを外に出さない」という機能的要求を実現するためのかたちには、様々なバリエーションが考えられる。側面及び上面をネットで覆うという最も単純な方法、上面に垂れ幕を渡してボールの軌道を遮る方法、側面の高さを人間の身体能力では越えられないところまで高くする方法などが、施設規模、立地条件、コスト、法規制などの絡まり合いの中で選択される。

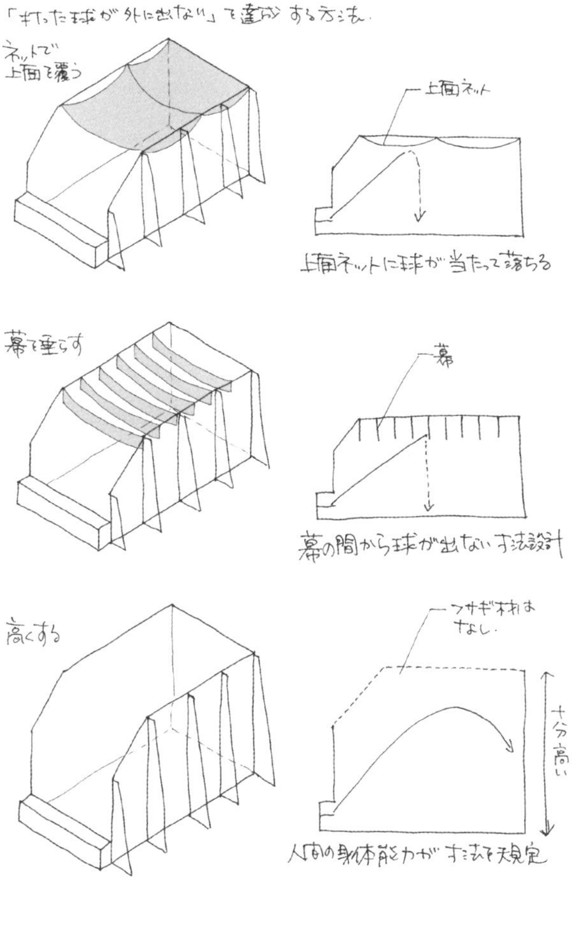
「打った球が外に出ない」を達成する方法.
ネットで上面を覆う
上面ネット
上面ネットに球が当たって落ちる
幕を垂らす
幕
幕の間から球が出ない寸法設計
高くする
フサギ材はなし.
十分高い
人間の身体能力が寸法を規定

形態に直結する

1 東京都目黒区 — 2 埼玉県川越市

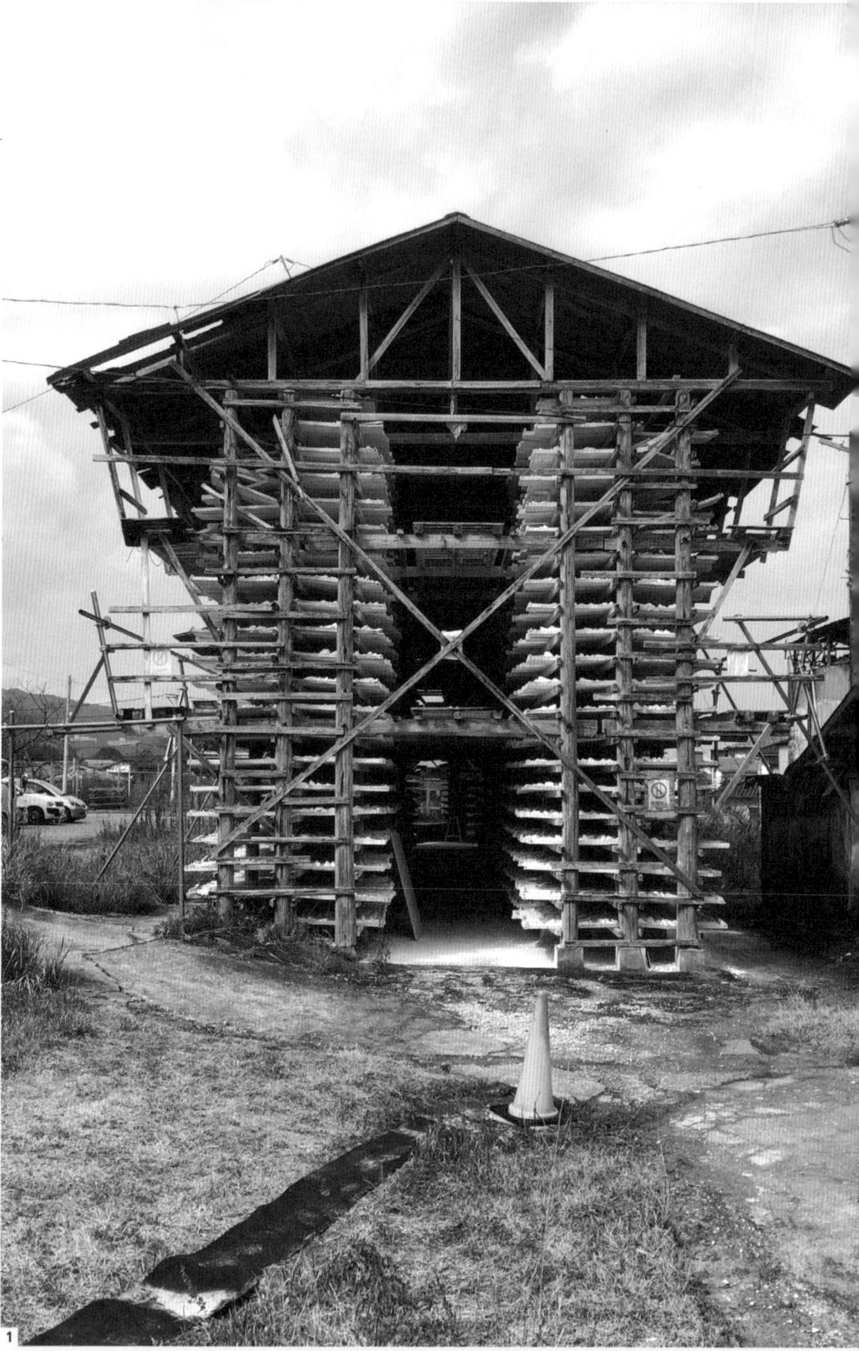

1

屋根だけの雨水対策

炭酸カルシウムの天日干し小屋。両脇にはトレイを載せるための桟が重なり、全体に大きな屋根が被せられているだけの構成。壁はなく、上部からの雨には対処するが、壁面は防水よりも通風が優先されている。「棚の上に雨よけが乗る」だけの、人間のためというよりカルシウムのための小屋。乾燥という純粋な機能に特化した道具的な物体だが、そのスケールは「道具」をはるかに超えていて、組み上げには建築的な技術が用いられている。

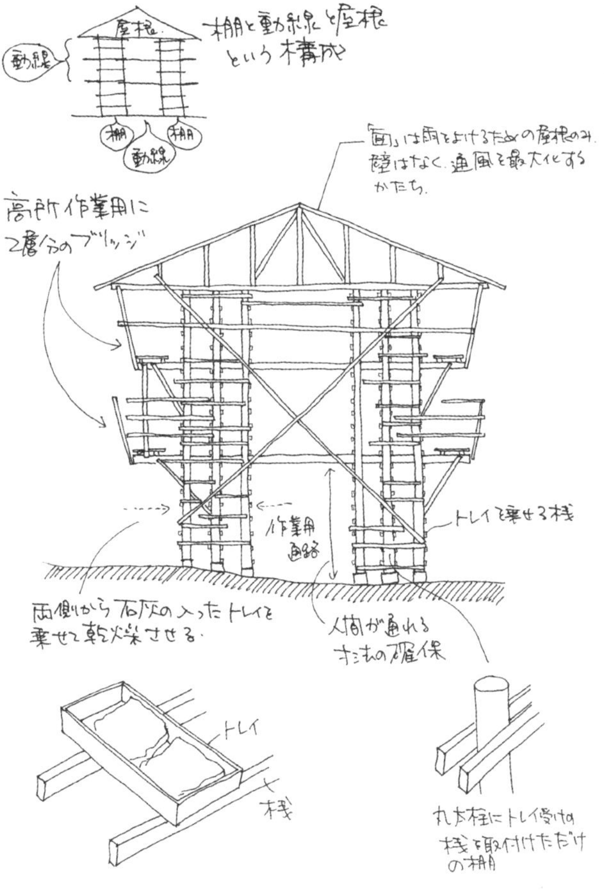
屋根
棚と動線と屋根という構成
動線
棚
動線
棚
「面」は雨をよけるための屋根のみ。壁はなく、通風を最大化するかたち。
高所作業用に2層分のブリッジ
トレイを乗せる桟
作業用通路
両側から石灰の入ったトレイを乗せて乾燥させる。
人間が通れる寸法の確保
トレイ
桟
丸太柱にトレイ受けの桟を取付けただけの棚

1

熱で空気を動かす

葉たばこの乾燥小屋。外部で火を焚き、熱気を小屋内に入れて、腰屋根から抜く重力換気を利用した建物のかたち。「空気が熱せられると膨張して上昇する作用」によって生じる空気の流れが、ダイレクトに形態化されている。この形式では「熱」が重要な要素となるため、断熱や保温の性能の確保が欠かせない。そのため、作業のための小屋でありながら、外壁は板張りではなく土壁で作られる。左の事例では、さらに外側を板張りとし、風雨から土壁を保護している。

かつては薪や石炭を主な燃料とし、数十時間にわたって火を焚き続ける工程だったため、小屋の周りにはかまどを設置したり人間の活動領域を確保するために下屋が配されている。建築的なスケールではあるが、建物本体はほぼ「乾燥のための機械」であり、付帯する下屋にかろうじて人間のための場所が設えられている。

1970年代に葉たばこの乾燥が循環バルク方式に転換し、現在残存するものは物置小屋として使われているものが多い。

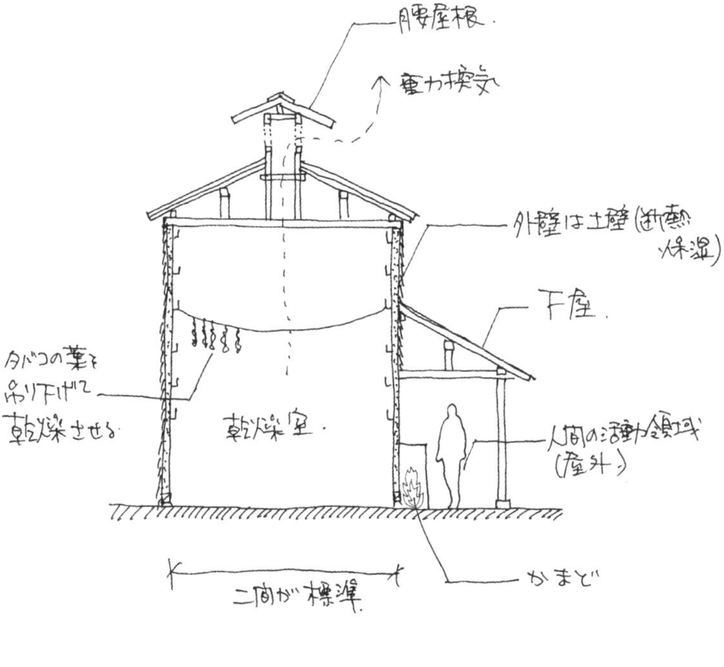
腰屋根
重力換気
外壁は土壁(断熱
保温)
下屋
タバコの葉を
吊り下げて
乾燥させる
乾燥室
人間の活動領域
(屋外)
かまど
二間が標準

1

人の面と雨の面

屋根付きの駐車場の上にテラスが載せられている。駐車場の屋根は風雨から車を守るためのもの、テラスは人間が活動するためのものであり、それぞれ異なった性能を要求する二つの面が、衝突するように積み重ねられている。

まず、人が活動するための面は水平であることが望ましい。人間が歩ければ良いので面として連続している必要はなく、スノコ状で良い。こうすると防水工事が不要になるし、雨水がたまらないのでデッキ材の乾燥も早く、排水口のメンテナンスなども必要なくて都合が良い。一方駐車場の屋根は、車を濡らさないためには下部に水を落とすわけにはいかない。板金などで連続した面を作って防水し、その面を傾けて勾配をつけ、雨水を流して処理する方法が採用されている。勾配は隣地側ではなく自宅の植栽側に向けて低くなるように設えられており、周辺への配慮が感じられる。

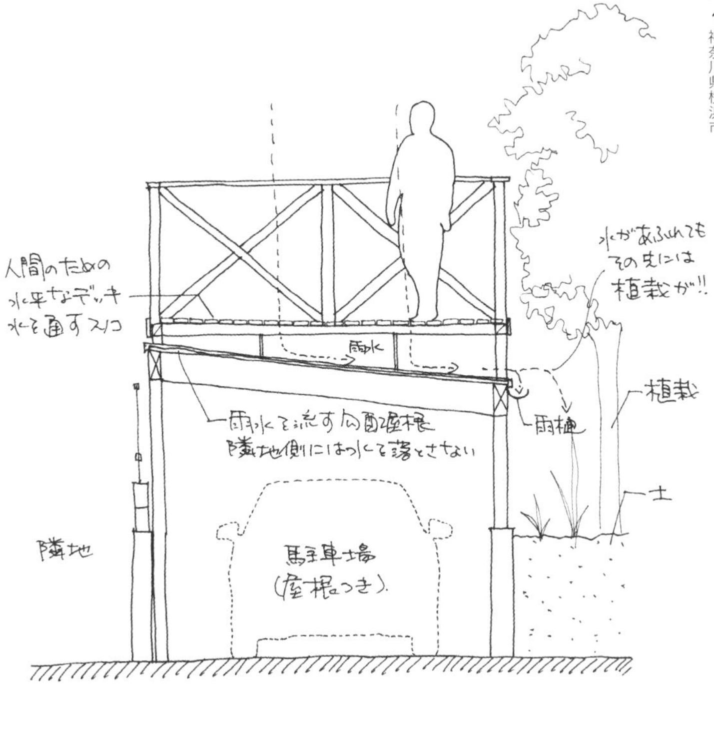
水があふれても
その先には
植栽が!!
人間のための
水平なデッキ
水を通すスノコ
雨水
植栽
雨水を流す勾配屋根
隣地側には水を落とさない
雨樋
土
隣地
駐車場
(屋根つき)

軽井沢の住宅（長野県軽井沢町）

軽井沢の住宅———軽井沢は建蔽率が20%に設定されていて、敷地の大部分が建物のない外部空間となる。敷地全体、あるいはそれを越えた周辺の外部環境を生活に取り込むためには、いかに内外の関係を設計するかが重要な問題となる。同時に、雨や雪、日照など不確定な外的要因に対する準備も忘れることはできない。こうした要素は季節による振れ幅が大きく、うまく付き合えば生活環境を整えてくれるが、場合によっては生活を脅かす存在にもなりかねない。建築設計においては、外的要因との関係を固定せず、状況に応じてチューニングできる状態を実現することが重要となる。

そこで外的要因の取捨選択を行いやすい構成を目指して、母屋の周りに下屋を配し、さらにその先にデッキと庇を取りつけている。庇の素材は透明のポリカ波板とし、日照を確保しつつ雨や雪は遮断し、天候に左右されずデッキとの往来がしやすい作りとした。これにカーテンやタープを用いることで、より流動的に内外の関係性を操作できる状態を生み出している。様々な事例の観察から得た取捨選択に関する知見が、複層的かつ冗長性の高い内外の境界の実現に役立っている。

軽井沢の住宅（長野県軽井沢町）

1

生き物が過ごす小屋

養鶏のための小屋。一般的な小屋は物を収納する目的で作られたものが多く、内部での人間の活動時間は限られている。それゆえ内部の温湿度環境にはそれほど頓着する必要がないため、軒の出は必要とされず最低限の雨仕舞いが成立する程度の深さとなることが多い。一方、内部に（人間ではなくとも）生物が常時いる場合、温熱環境の調整が必要となる。そこで軒を出して日照や通風、降雨の影響に対する調整がなされていて、物置小屋とは異なったかたちが導かれている。

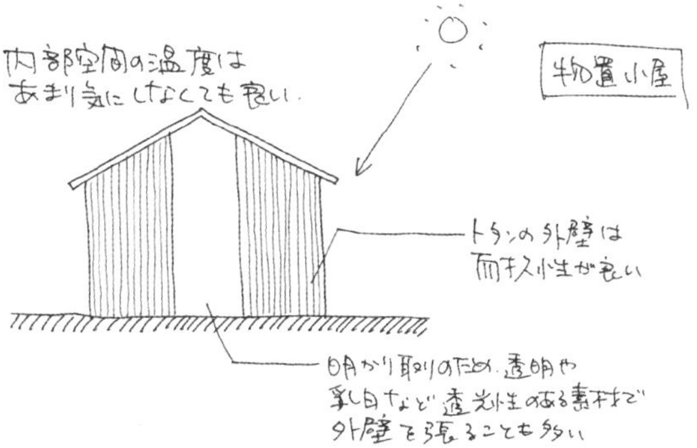
物置小屋
内部空間の温度は
あまり気にしなくても良い
トタンの外壁は
耐久性が良い
明かり取りのため、透明や
乳白など透光性のある素材で
外壁を張ることも多い

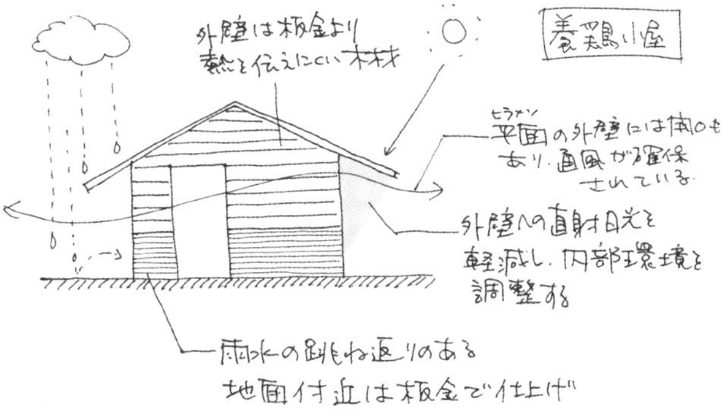
養鶏小屋
外壁は板金より
熱を伝えにくい木材
平面《ヒラメン》の外壁には開口も
あり、通風が確保
されている
外壁への直射日光を
軽減し、内部環境を
調整する
雨水の跳ね返りのある
地面付近は板金で仕上げ

1

干物を作る小屋

アイスランドの海沿いで見られる、鱈などの干物を作るための小屋。魚を乾燥させるためには通風が重要で、内部空間を壁で塞ぐことは好ましくない。ただし鳥などから干物を守るための仕切りは必要で、ここではネットで四周をくるんでいる。雨が当たらないように屋根が設えられるが、水勾配で屋根が高くなる妻面では、上部を板で覆って雨水の吹き込みを防いでいる。何を遮断して何を取り込むかの判断が、素材の選定と組み合わせ方にダイレクトに反映されている。

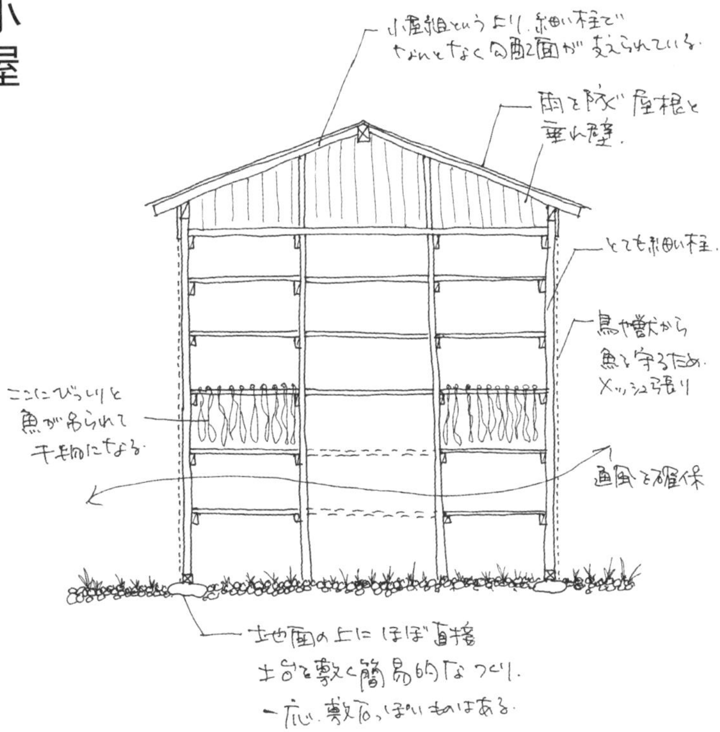
小屋組というより、細い柱でなんとなく勾配面が支えられている。
雨を防ぐ屋根と垂れ壁。
とても細い柱。
鳥や獣から魚を守るため、メッシュ張り
ここにびっしりと魚が吊られて干物になる。
通風を確保
地面の上にほぼ直接土台を敷く簡易的なつくり。一応、敷石っぽいものはある。

筑西の住宅（茨城県筑西市）

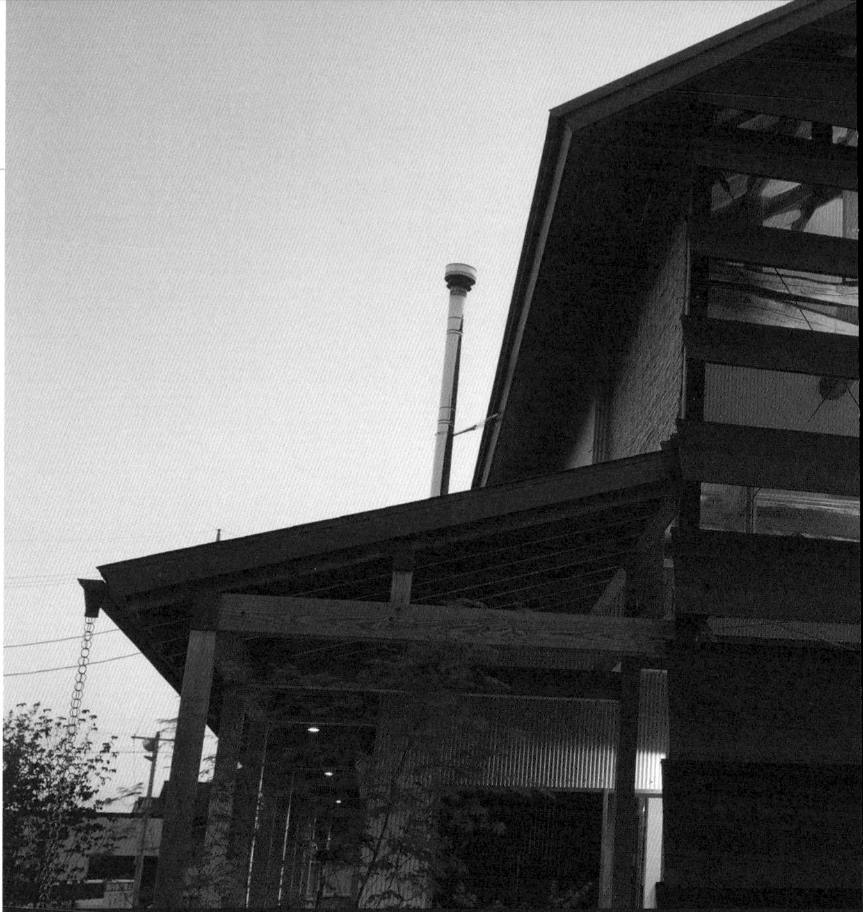

筑西の住宅（茨城県筑西市）｜撮影：山岸剛

筑西の住宅———「筑西の住宅」は鉄道の駅に隣接する立地で、朝晩は特に前面道路の通行量が多い。また、道路を挟んだ先には駐車場があり、住宅に正対する視線にも配慮が必要な立地である。こうした周辺に対して壁を立ててプライバシーを確保するのは簡単だけれど、そうすると今度は家の中が閉鎖的な場所になってしまうし、光も風も取り入れることができなくなってしまう。また、道路に対して壁が屹立する様は、街に対する表情としてもあまり好ましくない。

　このような条件下で、適度に周辺環境から距離を取り、同時に通風や採光を確保し、かつ街に対しても生活が滲み出る、そん

な状態を実現するには、何を遮り、何を取り込むかを注意深く設計しなければならない。視線を遮るには面材が有用だが、一枚だと閉鎖的になりすぎるので、数枚に分節する。視線に近い位置では面の幅を大きくし、上部では細くすることで高さによる透過率の違いを作る。さらに雨の吹き込みなどにも気を遣いながら面材を適度に傾けて調整する。ルーバーと室内の間には外部の土間を設け、道路と内部の距離を確保する。

　各々の操作は極めて単純なものだが、複数の要因が複合し、操作が重なり合うことで、この場所ならではの形態が導かれることとなった。

III

地形

建築は地面の上に建っている。

多くの場合、建築の設計図（主に断面図）には地盤面を示すGLラインという水平線が引かれるが、実際のところこの世に完全に水平な地面などは存在せず、その線は仮想のものだ。地面には凹凸があったり、傾いていたりする。同時に、地盤の状態が硬かったり柔らかかったり、水が多く含まれていたり乾燥していたり、土だったり岩だったり、地面は実に様々な情報を持っている。この地面のばらつきを「地形」と呼ぶ。山や川のように建築の大きさをはるかに超えたものから、ちょっとした段差や傾斜のように微細なものまで、そのスケールは様々だが、地形は水を流し、風を動かし、日照を左右し、植生に影響し、様々なかたちで場所の環境特性を作り出す。

地形は建築が建つずっと前からそこにあり、人間や動物の生活を受け止めてきた。「巣」と呼ばれる場所は、地形と生き物の関わり方がダイレクトに反映されたものだと言える。岩肌の窪みに棲みつくような受動的な方法もあれば、地面に穴を掘って空間を確保する能動的な方法もある。それは地形の状態に、生活者の介入の余地がどれくらいあるかによって異なるかたちを見せる。大きいものや硬いもの、重たいものは変形や移動が難しく、その逆に小さいもの、柔らかいもの、軽いものは介入が容易である。同時に砂地や湿地のような変形しやすい土地は固定的な居住の拠り所としては心もとなく、強固な地盤が安定をもたらすこともある。さらには、私たちは凹凸や傾きの上で暮らすことが得意ではない。斜めの床では落ち着いて生活ができないし、大きな段差や急すぎる傾斜では移動もままなら

鳥取県三朝町 三佛寺投入堂。斜面に向けて柱を落とす懸造り。

ない。石や岩の転がる場所で眠ることは難しく、風になびいてかたちを変えるような砂地に長居することも難しい。ばらつきのある地形の中に活動の場を確保するためには安定した「平場」が重要で、私たちはその確保のために地形と向き合い、それらを克服し、手懐け、寄り添い、時には屈服しながら、格闘している。建築とは人間のスケールや身体能力と地形の関係を取り結ぶための一つの手段なのだ。

　そしてその手段は様々で、斜面に食らいつく懸造りのようなものもあれば、ピロティや基壇のように、物理的のみならず概念的にも地面と建築を切り離すという手法も発明された。その中で、おそらくもっとも汎用的に採用されてきたのは、盛土切土によって平場を確保する造成だろう。傾斜地に直接建物を建設することはとても難儀であり、「土を動かす」という大仕事をもってしても平場を作ることの合理性が揺らぐことは稀だったようだ。造成は、その場所の凸凹や傾斜を鎮め、地形と建築が直接ぶつかることを回避し、どんなところでも平場と同じように建物を計画し、建設することを可能にした。ただし、ミクロには平坦な土地が作れても、マクロに見れば土地の起伏がキャンセルされることはない。平場の周囲には造成によって追いやられた土地の特性が凝縮されたように、擁壁が張り巡らされている。

　地形はキャンセルできないのだ。それならば、見て見ぬ振りをするのではなく、積極的に建築へ地形を取り込むことを考えてみることには、これまで取りこぼしてきた両者の関係の紡ぎ方を引き寄せるヒントがあるのではないかと考えている。

地形に沿わせる

1

2

下屋で調整する

建物は、敷地形状が不整形より整形の方が、傾斜があるよりも平坦な方が、建てやすい。敷地に特異性がある場合、それに合うように建物を調整する必要があるからだ。もちろん建物全体で敷地の個別性を引き受けることもできるが、場合によっては大仰なことになりかねない。左の事例では、建物の一部（主に母屋）を平坦かつ整形に建設し、その周りに下屋を配することで、複雑な敷地の個別性との調整を行なっている。下屋は母屋に取り付く付帯的なものでもあり、そこが不整形だったり高低差を抱え込んだりしても、母屋部分への影響を軽減することができる。下屋は従属的であるがゆえに簡便で自由度が高く、その柔らかさや奔放さが周辺との接続可能性を高めるのだ。

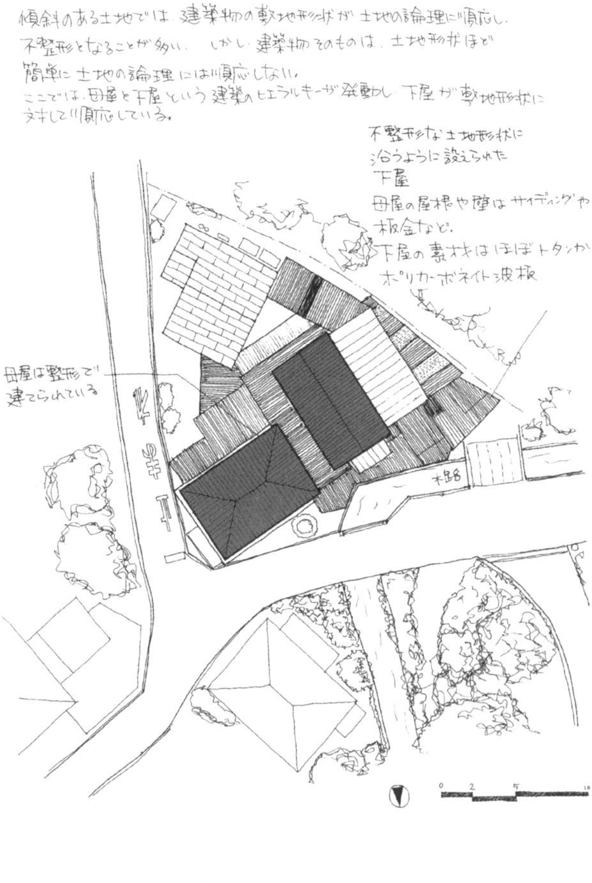

傾斜のある土地では、建築物の敷地形状が土地の論理に順応し、
不整形となることが多い。しかし、建築物そのものは、土地形状ほど
簡単に土地の論理には順応しない。
ここでは、母屋と下屋という建築のヒエラルキーが発動し、下屋が敷地形状に
対して順応している。
不整形な土地形状に
沿うように設えられた
下屋
母屋の屋根や壁はサイディングや
板金など。
下屋の素材はほぼトタンか
ポリカーボネイト波板
母屋は整形で
建てられている
水路
0 2 5 10

1 神奈川県横須賀市 — 2 徳島県神山町

1

傾斜に応答するかたち

急峻な傾斜地に建つ果樹用のビニルハウス。農業用のビニルハウスは広く流通している規格品があるが、それらは平坦な場所に建設されることを前提としており、このような急傾斜地とは相性が悪い。そのため、ここでは木材で軸を組み、ビニルを張る「木造ビニルハウス」が敷設されている。急斜面に順応しつつも細かな起伏は吸収でき、かつ組立てが複雑にならない工夫が見てとれる。上部の架構はどこでも同じ形状で、その下に杭状の柱を接続することで、地形の凹凸に応答している。全ての部材が小さく、雑な道路形状などに合わせて外形も自由に調整が可能。作りは簡易だがそれゆえ設置・解体が容易で、壊れてもすぐに直すことができる。地形にも、環境条件にも、営農形態にも柔軟に応答していて、ハンドリングもよさそうに見える。

『食と建築土木』*によると、こうした木造ビニルハウスが普及した背景には地形の特異性と同時に、この辺りの農家に出稼ぎの大工経験者が多く、木加工技術が身近だったとの理由も挙げられている。土地のかたちという場所の特性と、出稼ぎという遠方とのネットワーク、その遠近の連関の中で紡ぎ出されたかたちだと言える。

*『食と建築土木』後藤治著・監修｜2013

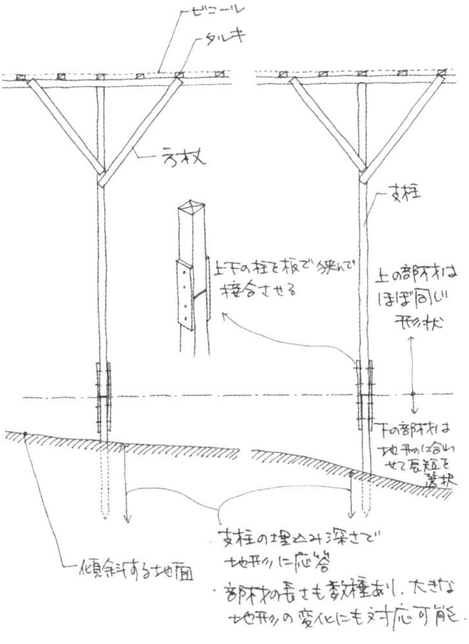

菊名の住宅（神奈川県横浜市）

菊名の住宅（神奈川県横浜市）

菊名の住宅―――「菊名の住宅」は、斜面に張りつくように造成された平場の上に木造住宅が並ぶ街並みの中にある。このあたりの古い航空写真を見てみると、かつて田畑として開墾され平場が造成された傾斜地が、50年ほど前から徐々に宅地に転用されてできた住宅地だと分かる。このような田畑由来の造成は、昨今の産業化住宅の規格に合わせた宅地開発とは異なり、もう少し地形の論理に近く、土地と人間の格闘の顛末を感じられる不整形な平場が連続する風景をもたらす。これらが宅地となると、結果的に多くの残余地を生み出し、擁壁が連続する中になんとなく隙間や緑が感じられる、この敷地もそんな場所である。

敷地は南西側に下る傾斜地で、北側の道路から1mほど下がったレベルに三角形の平場が造成されている。傾斜に沿った門型のフレームを連続させて設定し、不整形の敷地境界に合わせてフレームの幅や長さを調整する。そのフレームを手がかりに各室の配置を行い、パントリーやクローゼットといったバックヤードも含めた生活動線を回遊的に組み立て、結んでいく。また、南北を貫く土間を設けて、外部を含めた回遊性も確保する。

門型フレームで変形敷地に建物をアジャストさせながらプランニングや配置、内外の境界を操作し、日常生活の中で敷地全体を歩き回れるようにすることで、再び傾斜と平場の接点として、生活の場を組み立てている。

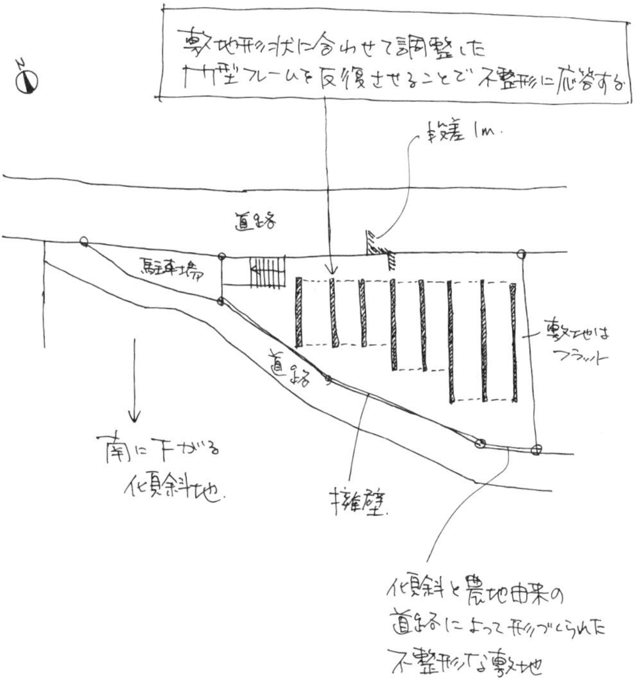

1

造成の労力

幾多の歴史的な連関の中で、山奥の急傾斜地のような場所を生活の地として選択せざるをえないことがある。こうした過酷な場所であっても、建設地は開墾され、平坦に整えられなければならない。土を動かすのは容易ではない。しかしやらなければならない。こうした造成の労力と建設の困難さの拮抗が、最小限の平場造成、それを結ぶつづら折りの道、畑は傾斜のままといった風景を導き出している。その姿からは、土地と対峙した人間が何を合理として選択したのかの切実な判断をうかがい知ることができる。

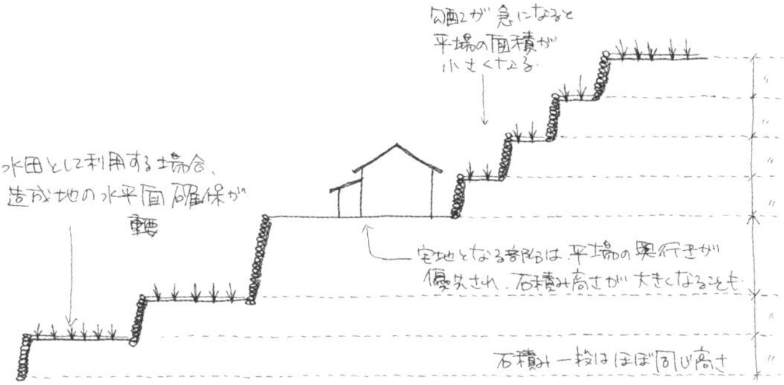

勾配が急になると
平場の面積が
小さくなる
水田として利用する場合、
造成地の水平面確保が
重要
宅地となる部分は、平場の奥行きが
優先され、石積み高さが大きくなることも
石積み一段はほぼ同じ高さ

畑として利用する場合、
造成面は水平である必要なし
なるべく石積み高さを省略できるよう
造成面も傾斜している

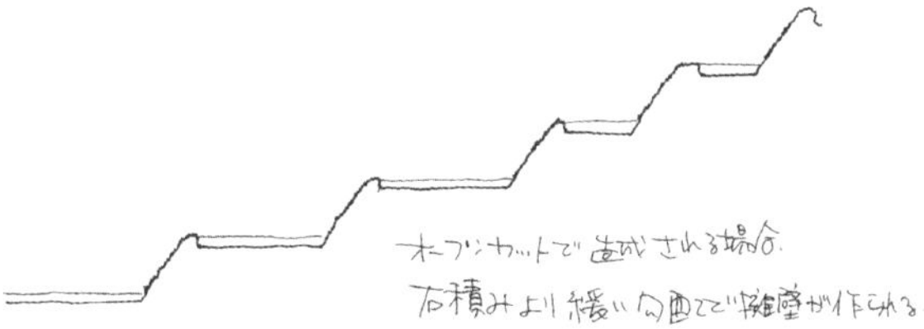

オープンカットで造成される場合、
石積みより緩い勾配で擁壁が作られる

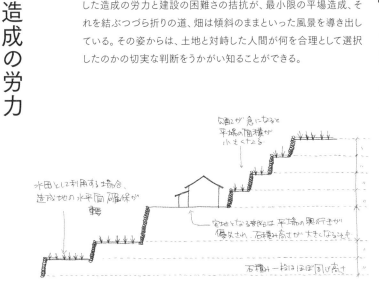

大分県別府市

神奈川県横須賀市

人力・重機・形態———農村で傾斜地に張りつく田畑を眺めていると、あることに気づく。まるでコンターラインを積み重ねて作られた地形模型のように、造成の段差が均一に揃っているのだ。一方でその中に配される田畑の形状はどれもバラバラで、全く整っていない。つまり、立面的には整理されていて、平面的には整理されていない。

なぜこんなことになっているのかを考えてみると、「ああ、これは人の力が作ったものなのだ」ということに思い至る。日本の農地にユンボやトラックといった農業機械が広く普及するのは戦後になってからであり、それ以前に行われていた造成はそのほとんどが人力や畜力によるものだった。傾斜地を開墾し、石積みやオープンカットなどで段差を処理し、平場を形成していく。それは大変な重労働で、切実に必要な介入だけが実行される。農業の作業効率を考えると耕作地となる平場はできるだけ広い方がいいが、人間のサイズを超える高さの造成は、足場が必要になったり資材を上げることが困難だったりして建設の効率が悪い。結果自ずと人間のサイズに合わせて一段の高さが決まり、土地の勾配の緩いところでは平場の面積が大きくなり、急なところでは小さくなる。なぜなら、農業機械の普及以前は田畑の区画が整形であることにあまり意味はなく、土地の起伏をいじってまで四角い田畑を確保することに労力をかけたりはしないからだ。地形に張りつくように同じ高さの段々畑が続く傾斜地の農村風景は、立面的には人間の身体スケールによって、平面的には農作業の都合によって制御され、これらの連関の中で形成されたものだと理解できる。

一方で重機による造成、コンクリートなどを用いた擁壁はもっと奔放だ。機械の力は土地形状をいじることを容易にし、コンクリートの強度は急な斜面でも土留めを作ることができる。そうして、土地のかたちや人間の身体能力といったこれまでの制約は簡単に乗り越えられていく。また、造成の目的が農地ではなく宅地の確保の場合、一枚の平場は住宅一軒が建つのに十分な広さが確保されていなければならず、土地のかたちが不整形すぎることも好ましくない。

つまり同じ造成でありながら、重機の有無や用途の違いによって、土地に対する介入の合理性は大きく変化する。日本において自家用車が普及するのは1960年代以降で、それ以前に開発された宅地では細い道や階段でしかアクセスできない住まいも許容されていた。例えば横須賀や呉、佐世保など、軍港の設置によって急激な宅地開発が必要になった場所では、斜面に住宅がへばりつくように配されるダイナミックな光景を見ることができる。

平場を作

1

懸造り

2

傾斜地においては、建設を容易にするために平場が造成されることが多い。擁壁を作る方法が一般的だが、勾配が急になり高低差が大きくなると、その分土圧が大きくなり擁壁で支えることが難しくなる。そこで、「平坦な地盤面」をあきらめ、建物だけで対処する方法が用いられることがある。「懸造り」と呼ばれるこの方法は、傾斜地に直接垂直部材を立て、その上に平坦な床を設える。建物と地形の直接的な衝突であり、土を動かすことなく平らな床を獲得するための方法である。

1 神奈川県横浜市｜2 神奈川県横須賀市

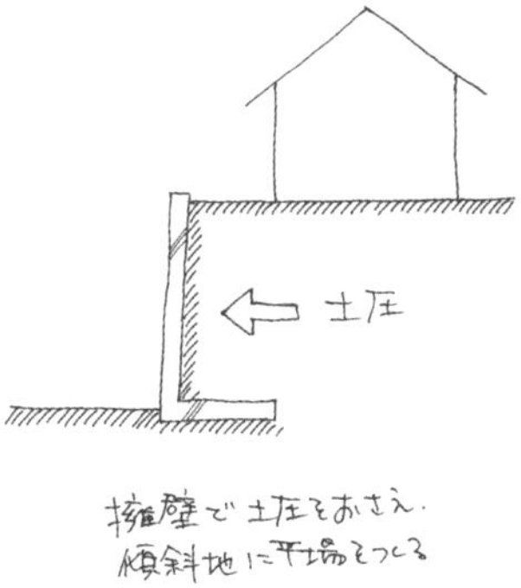
土圧
擁壁で土圧をおさえ、
傾斜地に平場をつくる

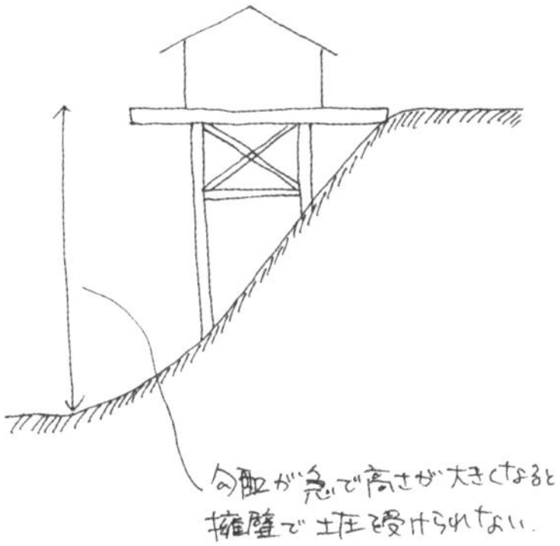
勾配が急で高さが大きくなると
擁壁で土圧を受けられない。

1

2

余白の使われ方

傾斜地に建設する場合、まずもって重要なのは「平場」の確保である。田畑のような農地であれば、その平場は農作物を育てるための場所であり、土の質や水の有無など、「平場の下の地面」がどんな状態なのかはとても重要な問題となる。一方で建物の建設の場合、「平場の下」は目的の対象外であり、人々の関心が向くことはあまりない。土があろうがなかろうがそれは問題ではなく、純粋に「平場を作る」ことをもっとも合理的に実現する方法が選択されることとなる。何が「合理的」かは傾斜の角度、地盤の強度など様々な要因があるものの、最終的には経済的な要因が大きく左右することが多い。人件費が安ければ手間がかかっても材料代が安価な方法が選択され、逆に人件費が高ければ材料量が嵩んでも簡単な工法が採用される。時代背景や社会状況によって採用される方法はコロコロと変わっていき、その様子は純粋かつ無頓着で、乱暴でありながらも清々しい。

同時に、平場の確保という一点集中型の介入は、例えば建物と地面の間に配されたコンクリートのラーメンフレームのように、意図しなかった「余白」をもたらすことになる。こうした余白が事後的に発見され、しばしば人間の介入が発生することがあるのだが、その振る舞いはとても力強い。「設計」がこのダイナミックさを引き寄せることはなかなか難しいのだが、自らの計画に目を光らせて「余白」を見逃さず、そこに「発見されやすさ」を仕込むことくらいならできるのかもしれない。

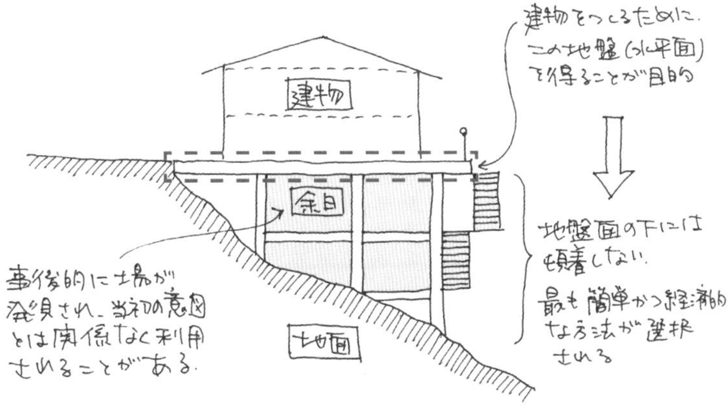

建物をつくるために.
この地盤(水平面)
を得ることが目的
建物
余白
地面
地盤面の下には
頓着しない.
最も簡単かつ経済的
な方法が選択
される
事後的に場が
発見され、当初の意図
とは関係なく利用
されることがある.

1

キメラ

擁壁による平場造成でもなく懸造りでもない、建築的でありながら土木的でもある方法。傾斜地は、時に定義づけを拒むようなキメラ的な解法に合理性をもたらすことがある。ここでは、吹付で固められた法面に食い込むようにコンクリートの架構が乗り、その上に平場が作られている。鉄骨で組まれた平場はコンクリート架構から飛び出し、少しでも広く平場を確保するべく設えられており、その上には何事もなかったかのように、住宅が建てられている。

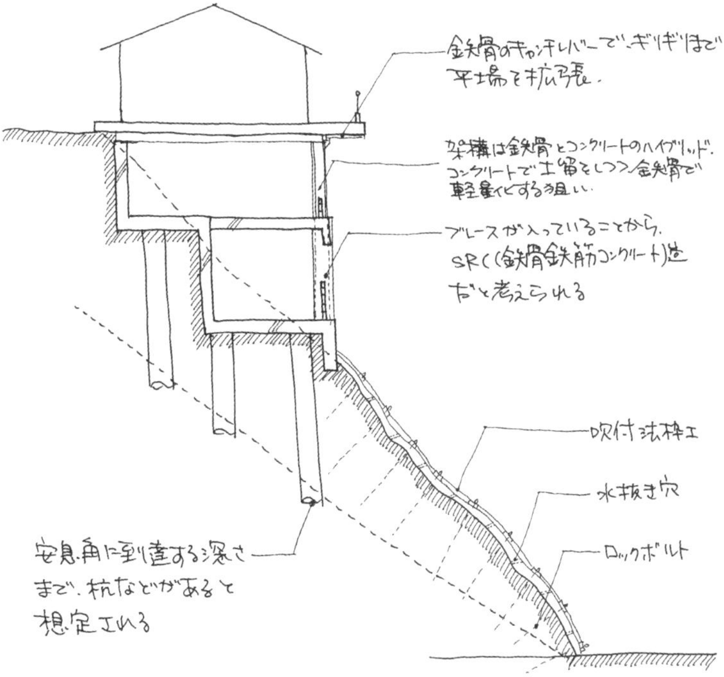
鉄骨のキャンチレバーで、ギリギリまで平場を拡張。
架構は鉄骨とコンクリートのハイブリッド。コンクリートで土留をしつつ鉄骨で軽量化する狙い。
ブレースが入っていることから、SRC(鉄骨鉄筋コンクリート)造だと考えられる
吹付法枠工
水抜き穴
ロックボルト
安息角に到達する深さまで、杭などがあると想定される

1

柱と擁壁

勾配が急で造成の高低差が大きくなると、平場を支えるための柱が長くなり、座屈への対応が必要となる。ここでは、擁壁の一部を性能が規定できて荷重をかけられるRC造とし、架構の下部に駐車場を設けることで柱を短くして、柱が太くなることを回避している。この場所に潜む様々な条件と、それに対する応答方法が絡まり合いながら顕在化している。

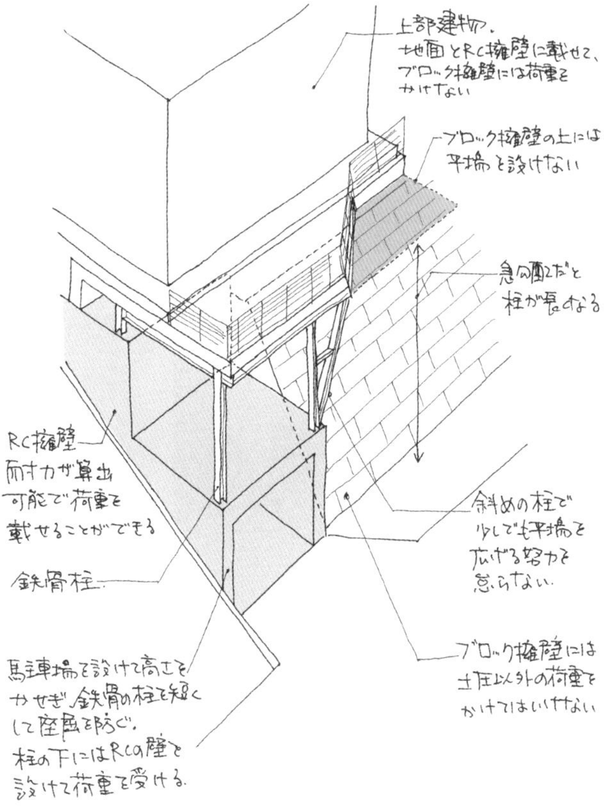
上部建物。
地面とRC擁壁に載せて、
ブロック擁壁には荷重を
かけない
ブロック擁壁の上には
平場を設けない
急勾配だと
柱が長くなる
RC擁壁
耐力が算出
可能で荷重を
載せることができる
鉄骨柱
斜めの柱で
少しでも平場を
広げる努力を
怠らない。
駐車場を設けて高さを
かせぎ、鉄骨の柱を短く
して座屈を防ぐ。
柱の下にはRCの壁を
設けて荷重を受ける。
ブロック擁壁には
土圧以外の荷重を
かけてはいけない

衝突を形態化する

1

2

斜面と平面

3

周囲の地面が傾斜していても、多くの場合、建物の床は水平でなければならない。建物の出入口となる開口部には、斜面と平面の衝突とその調整の痕跡を数多く見ることができる。

勾配がさほど急でなければ、建物内の水平面は、斜面の「どこかのレベル」に合わせて作られ、人々は段差をまたいで移動することとなる。間口の両端では斜面との高さが変わるため、どこからでも出入りできることにはならず、斜面と平面の段差が少ない部分に出入口が設置される。

外壁面からセットバックして建具を設置すれば、ポーチ部分を調整代として使うことができる。そうすると、道路の傾斜や段差を引き込んだり、内部の水平床を外部側に引き出したりすることで、斜面と水平面の調整方法の選択肢が増える。傾斜が急になると、こうした調整代の必要性や有用性が高まることになるが、広さに余裕がなく、調整代に面積を割くことが難しい場合も少なくない。その場合、そもそも調整することをあきらめ、付帯的なステップや階段などの造作で無理矢理辻褄を合わせる方法が取られることもある。

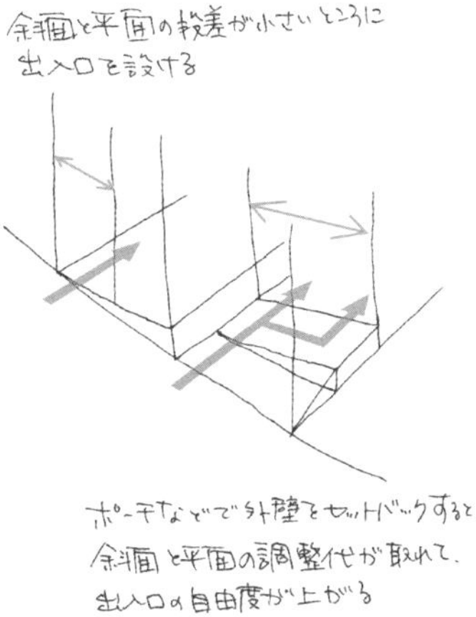
斜面と平面の段差が小さいところに
出入口を設ける
ポーチなどで外壁をセットバックすると、
斜面と平面の調整代が取れて、
出入口の自由度が上がる

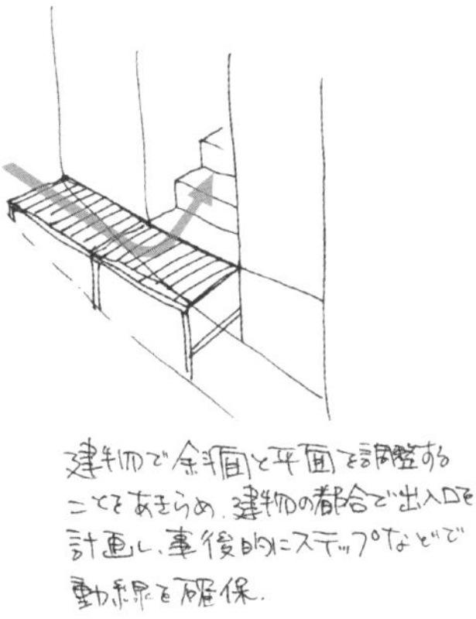
建物で斜面と平面を調整する
ことをあきらめ、建物の都合で出入口を
計画し、事後的にステップなどで
動線を確保。

1 香港中環 — 2 東京都品川区 — 3 スペイン オロット

1

機能と地形の拮抗

地形は重くて大きく、そこに介入するには強い力が必要となる。そのため、計画的・機能的な合理性よりも地形の都合が優先される事態がしばしば発生する。左の事例を見ると、機能的要求に対して対処が必要なのは平面計画であり、断面計画への作用はそれほど強くないことが分かる。ここでは地面の傾斜が、駐車場という用途には過剰な天井高をもたらしているが、このズレをポジティブに読み替え、この場所ならではの価値に転換することも可能だろう。

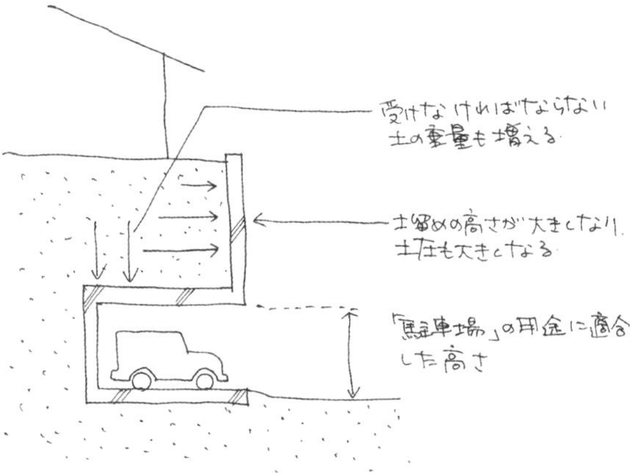
受けなければならない
土の重量も増える
土留めの高さが大きくなり
土圧も大きくなる
「駐車場」の用途に適合
した高さ

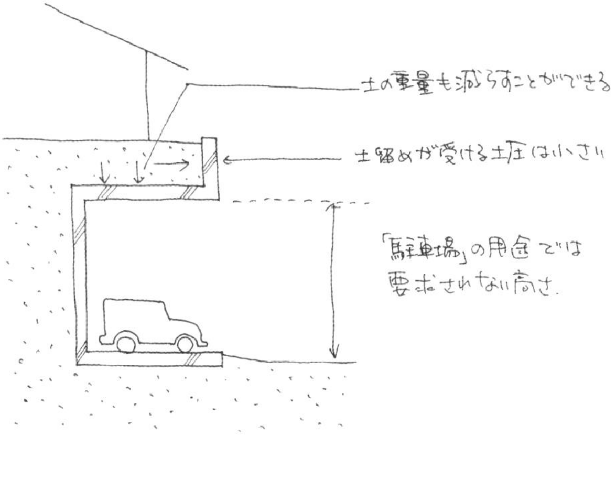
土の重量も減らすことができる
土留めが受ける土圧は小さい
「駐車場」の用途では
要求されない高さ

横浜の住宅(神奈川県横浜市)｜撮影：山岸剛

横浜の住宅（神奈川県横浜市）｜撮影：山岸剛

横浜の住宅（神奈川県横浜市）｜撮影：山岸剛

横浜の住宅———「横浜の住宅」は宅地造成された北向き傾斜地の一角に建っている。

傾斜地は隣地や敷地周辺とレベル差ができるので、平場のように汎用的な寸法で高さ方向を設計すると、すぐに周辺環境との齟齬を生み出してしまう。斜線制限などの法規制も、基本的には平場において隣接地に迷惑をかけないことを意図した制度設計がなされており、傾斜地においては、盲目的に制限をかわすだけの設計では逆に周辺に悪影響を及ぼしかねない。どちらが高いのか、低いのか、その差はどれくらいなのか、傾斜の角度は？方位は？…。傾斜地では、周辺の状況を注意深く観察してレベルを調整する必要がある。というよりもむしろ周辺環境にこそ、その場所に適った設計のヒントが溢れている。

「横浜の住宅」の計画地は、南側には約3mの擁壁があり、その上に近接して木造二階建ての隣家が建つ。この立地では南面からの日照はほとんど期待できない。ここに、一般的な階高で二階建ての住宅を計画すると、一階は暗く澱んだ場所となってしまう。住宅建築のセオリーともいえる南面開口も、擁壁に向かって穿たれた穴にしかならない。

しかし一方で、北向きの傾斜地は開けた順光の眺望を得ることができる。北側の空は南側より青く、日に照らされた影の少ない風景は日照とはまた違った明るさを生活にもたらしてくれる。

そこで、一階の階高を4mまで持ち上げ、気積が大きく縦方向に伸びやかな空間を確保するとともに、二階からの眺望をより楽しめる断面計画を採用することとした。持ち上げられた二階の床は、傾斜上端の地盤レベルとほぼ同じ高さとなり、上から見る建物のボリュームは、小さな一階建ての住宅のようになる。

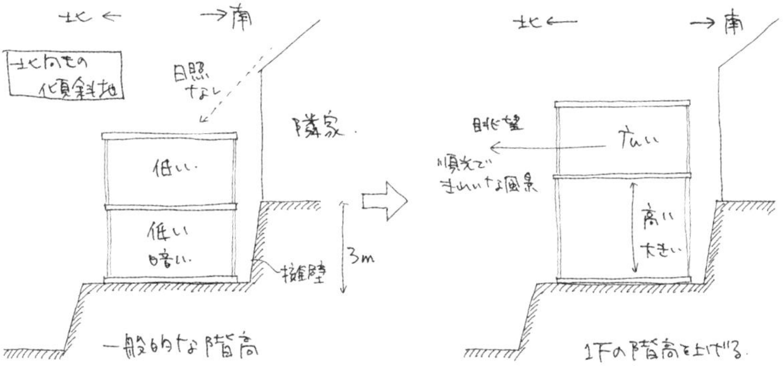

1

2

3

地形と既製品

建設業界には多くの既製品が存在するが、そのほとんどは平らな面、直角の交差、四角い形状で使われることを前提としてかたちが決められている。大量生産の製品が個別の差異を相手にしないのは当然だが、実際の建設現場は同じ条件の場所など存在せず、個別性で溢れかえっている。そのため現場で使用する時は、製品の標準性と各々の個別性を取り持つ工夫が必要だ。一般的に既製品に合わせて個別性を押し殺す方法が取られがちだが、これらの事例のように既製品に手を入れて個別性を引き寄せる方法も忘れてはならない。

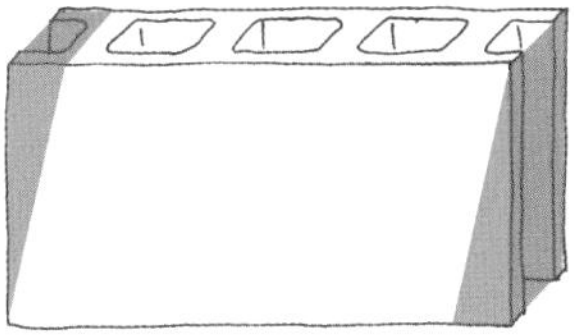

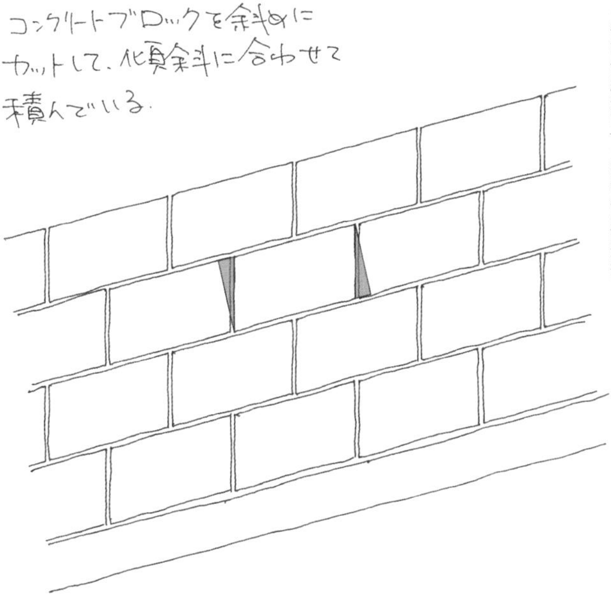
コンクリートブロックを斜めに
カットして、傾斜に合わせて
積んでいる。

1 長野県松本市
2 神奈川県横浜市
3 神奈川県横須賀市

1

既製品の調整代

既製品のフェンスを傾斜地に用いる際は、どこで辻褄を合わせるかの工夫が必要となる。支柱を斜めに設置することもできるが、傾斜によっては支柱に想定以上の力がかかってしまう可能性も高い。その点、このフェンスは押さえ板と支柱でフェンスを挟み込む固定方法が採用されていて、傾斜に合わせた調整が可能な納まりになっている。押さえ板のビス穴はルーズホールになっていて、フェンスのメッシュとビスの干渉を回避することができる。

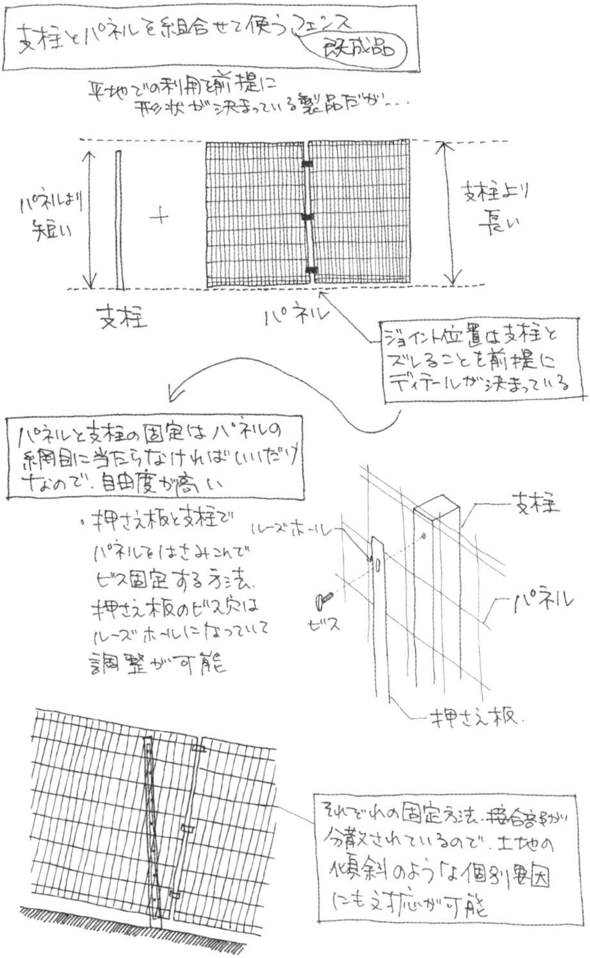
支柱とパネルを組合せて使うフェンス
既成品
平地での利用を前提に形状が決まっている製品だが…
パネルより短い
支柱より長い
支柱
パネル
ジョイント位置は支柱とズレることを前提にディテールが決まっている
パネルと支柱の固定はパネルの網目に当たらなければいいだけなので、自由度が高い
・押さえ板と支柱でパネルをはさみこんでビス固定する方法。押さえ板のビス穴はルーズホールになっていて調整が可能
ルーズホール
支柱
パネル
ビス
押さえ板
それぞれの固定方法、接合部が分散されているので、土地の傾斜のような個別要因にも対応が可能

1

地形の論理と建物の論理

地形には地形の論理があり、建物には建物の論理があり、各々の論理は、時に衝突を起こす。例えば建物を整形にしたい建設の論理と、それを許さない地形の論理。こうした衝突が起こった時、どこでその調整を行うかを考える必要がある。「屋根」は勾配があり形状や架構が複雑な一方、「柱」や「壁」は垂直部材で形状も単純なので、こちらに手を入れる方が平易に調整ができそうだ。一つの建物の中でも、形状や部位、架構によって冗長さが異なっていることが分かる。

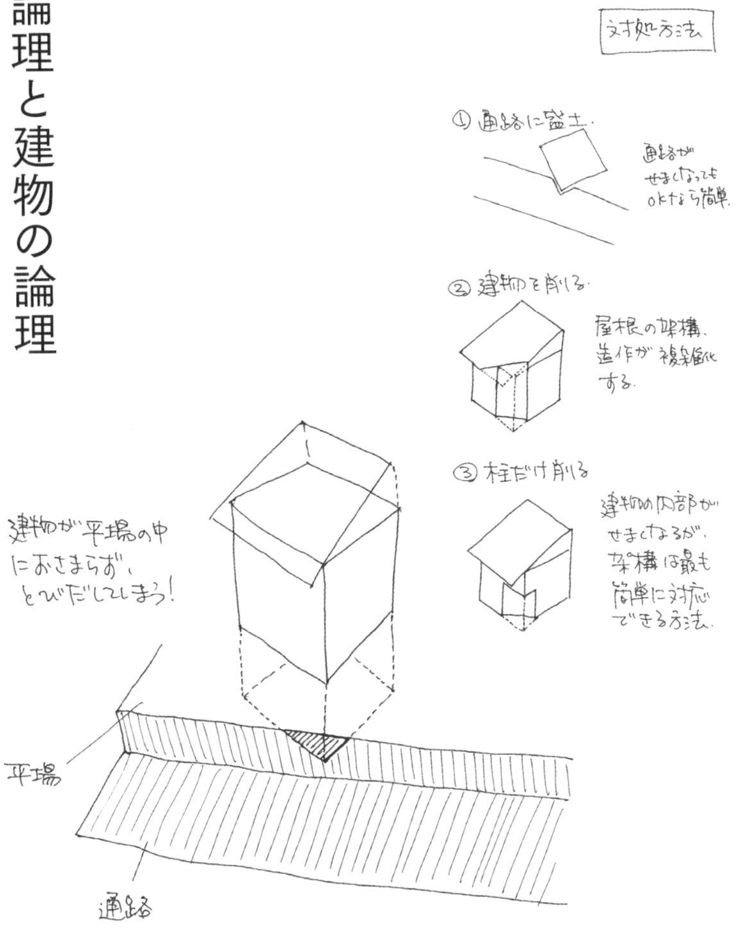
対処方法
① 通路に盛土。
通路がせまくなってもOKなら簡単。
② 建物を削る。
屋根の架構、造作が複雑化する。
③ 柱だけ削る
建物の内部がせまくなるが、架構は最も簡単に対応できる方法。
建物が平場の中におさまらず、とびだしてしまう！
平場
通路

WEEK神山（徳島県神山町）

WEEK神山（徳島県神山町）｜撮影：山岸剛

WEEK神山———徳島県神山町は、町内全域がほぼ山林の中山間地域であり、人間の生活を支える平場は極めて少ない。この場所を拓いた人々は、こうしたわずかばかりの平場を見つけ、あるいは土地の勾配や水の流れなどを読みながら石を積んで平場を造成し、斜面と格闘しながら生活環境を整えてきた。生活の糧を得るための農地、住居を設えるための宅地、それらをつなぐ道路…。斜面に刻まれた造成を観察すると、地形の論理と人間の論理が拮抗してきた様子を捕まえることができる。水はけのよい尾根筋の傾斜は畑となり、水を集めやすい谷筋の傾斜は水田となる。田畑部分の造成は、農地の形状を揃えるのではなく、石垣の高さがおおよそ一定となるように形状が決められている。地形に沿うように同じ高さで造成された石垣からは、石を積むことがそれなりの重労働であり、「田畑が広い」などの農業効率よりも傾斜の論理が強く作用していることがうかがえる。一方で宅地となる平場は「住居を置く」ことが優先されるため、石垣の高さよりも平場の面積が重視され、急勾配の場所では擁壁が高くなることも珍しくな

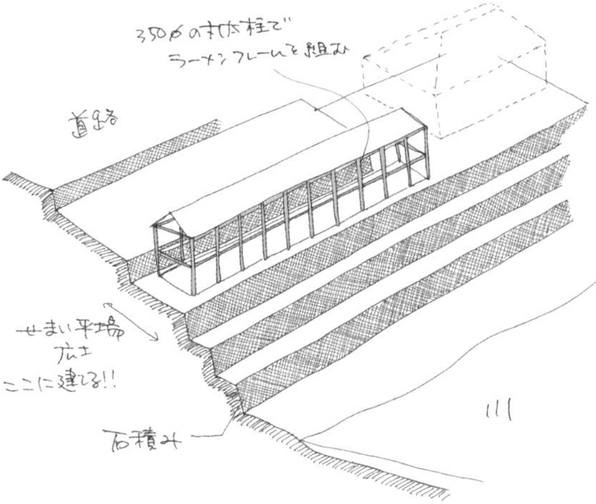

い。「農家の住居」にはタイポロジーがあり、その力は地形すらも凌駕するほどに強いことが分かる。

「WEEK神山」は、わずかばかりの細長い平場に建つ宿泊施設である。ここは、町を貫くように流れる鮎喰川に向かって下る傾斜地の途中。元々は宅地の庭だった場所で、石垣は高いが、間口が広く奥行きが狭い。住宅用に設えられた平場ではあるが、建設地はその残余地で、用途も住宅ではないのであらかじめのタイポロジーもない。そのため、この地形に合った建築の「型」を見つけるように設計を進めることとなった。

そこで、細長い平場にすっぽりとはまるようにラーメンフレームを置き、この町に通底する「川に向かう傾斜地」という地形と内部空間を切り離すことなく、むしろその地形の中にいる体験を増幅させることを目指した。川に向かう全面開口を持つ客室では、周りの環境の中に投げ出されたような感覚を体験できる。

このように地形を観察すると、風景の一部として建築を考えるための手がかりに触れることができる。

IV

技術

建築は、たくさんの素材や建材の複合体として立ち上がっていて、その複合は様々な技術によって成り立っている。土を掘り、均し、平場を作る技術、鉄筋を組む技術、コンクリートを打つ技術、木を刻み、組み立てる技術、塗る技術、積む技術、留める技術、張る技術…。挙げればキリがないが、膨大な技術が作用することで、バラバラと散らばっていたものが組み合わさり、一つの建築として統合される。設計とは、こうした技術を選択し、組み合わせ方を駆使して物理的に物体を構築する技術だと言える。

現在の建設作業においては、それらの技術が高度に分類されている。それらを担うのは「職人」と呼ばれる専門家であり、彼らは「土工」「配筋工」「型枠工」「左官工」「大工」「鳶」「塗装工」など、それぞれの専門分野を示す名前を持ち、場合によっては資格を持ち、その専門性にのみ特化した能力を工事現場で発揮する。現代の建設はこうした専門性の分化と連携、それによって達成される性能や品質を前提として成り立っている。

一方で、ここまで職能が細分化し、システム化される前から建築は作られ続けてきたことも忘れてはならない。近代化以前の建物には、高度に専門化した技術とはまた異なったものの組み立てられ方を見ることができる。例えば、かつて住宅が集落の構成員による共同作業によって建設されていた頃は、構造体同士の接合が専門的な加工を要する仕口ではなく木材を縄で縛って固定する方法だったり、高い加工精度が要求される板材ではなく茅などの素材をまとめ上げて屋根を葺く方法だったりが用いられていた。もちろん茅葺の屋根は、瓦葺きや板金と比べると耐久性に劣る。だが茅は集落で育つし、共同体での作業であれば人員も確保できる。このように、建築の持続性は素材自体の耐久性・耐候性によってではなく「共同体」という生活のあり方によって担保されていた。特殊な訓練に

岐阜県白川村。
縄で縛る接合技術で建築が組み立てられている。

WEEK神山の丸太加工。
大工による手刻みで作られた仕口。

よって習得される技能を持たない素人でも施工可能な技術や、高度な加工技術や機械がなくても扱える素材が散りばめられていたのだ。

もちろん「専門家」か「素人（共同体）」かという二項対立ではなく、建築には様々な専門性や共同性、そしてその場所でどんな材料が手に入るのかという地域特性や交易のネットワーク、あるいは権力構造や経済など、あらゆる条件が絡まり合っていて、その上に技術体系が形成されている。「素材」や「人手」、「交易」や「地勢」など、その場所にあるリソースを見極め、どういったかたちとして組み上げるのか、その間に介在しているものが「技術」なのだ。

こうした視点で建築を観察してみると、「大きな単体」であった建物を、素材やそれ同士の関係を作り出している技術一つひとつに分解してみることができる。その各々を点検すると、構造的な根拠を持つもの、工法や技術に規定されるもの、美的な判断が介在しているもの、重さや大きさなど素材特性によるもの、かつては有効だった根拠が失われているが未だ残り続けているもの、他の方法に交換可能なもの、など、実に様々な特徴を持つことが分かる。同時に、それぞれの素材が持つ耐用年数、機能・性能的に要求される耐久性は様々で、建築には多くの異なった時間軸が埋め込まれているのだという発見もある。

つまり建築は、複数の素材・技術・時間の複合体であり、その組み立て方には無数の選択肢があるはずだ。現在私たちが慣れ親しんでいる、専門化・細分化した建築の作り方は、これらの選択肢の中から暫定的に拾い上げられたものの一つにすぎない。「専門性に特化し、高度に訓練され卓越した技術を持った職人」を前提としたものづくりの仕組みは、効率的に高性能・高品質の建物を作るためには大変有用性が高いことは事実である。しかし同時に、前提条件が変わればその有用性が揺らぐこともまた事実であり、そういった事態に翻弄されないためには、今私たちが慣れ親しんでいる建設の仕組みの外側にも、建築を作り上げるための技術や方法が数多あることには注意を払っておきたい。それらは決して性能や品質の向上を阻害するものではないからだ。

高度経済成長期は過ぎ去り、かつてのような建設需要やその時期に必要だった建設技術の一部は、その有用性を失いつつある。時代の変化に合わせた技術革新はあちらこちらで探求されているが、それと同時に、今改めて建築の周りを取り巻いている広範囲の技術に眼差しを向けてみることには小さくない意義がありそうだ。その中には「古い技術」として忘却されたり、「素人仕事」として価値が見出されなくなったものも含まれる。そうしたあらゆる技術を点検し、その背景にどのような前提条件や取捨選択の過程が潜んでいるのかを検証することで、相対的に現状の技術体系を捉え直すことが可能となる。その上で社会的変遷の中でこぼれ落ちてしまった技術を評価し直し、現代的な建設の仕組みと掛け合わせていくことは、「構築の技術」としての設計行為に臨む上で、重要な姿勢になるだろう。そこには、建築を身近なものに引き戻し、そのあり方や使われ方を広げていくための手がかりが溢れている。

縛る

素人でも使える接合技術

2

3

民家の小屋組にはしばしば「縛る」固定方法が採用されている。「縛る」技術は建設のみならず農業や日用品の運搬、収納など至る所で使われていたもので、いわば「誰でも使える」技術の一つである。この工法で建物を作る場合、仕口加工のような特殊技術が不要なため、素人でも参加しやすく、大工などの専門家を揃えなくても共同体での作業が可能となる。緩んだ紐を締め直したり、屋根を葺き替えたりといったメンテナンスも容易で、部分的な手入れもしやすい。またこの工法では、竹などの、入手が容易だが中が空洞で仕口加工ができない材料も、建材として使用できる。

1 山梨県甲州市 | 2 兵庫県神戸市 | 3 香川県高松市

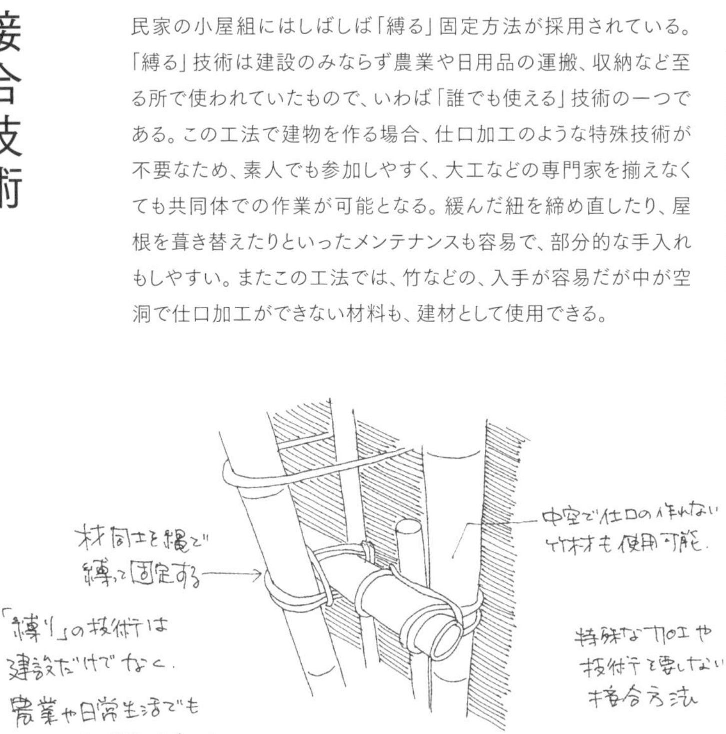
材同士を縄で
縛って固定する
中空で仕口の作れない
竹材も使用可能.
「縛り」の技術は
建設だけでなく.
農業や日常生活でも
使われる汎用的なもの.
特殊な加工や
技術を要しない
接合方法

1

2

3

4

仕口加工不要

竹や金属パイプのような仕口加工が難しい素材を接合する場合、縛る技術は効果を発揮する。内部が中空であることは問題にならず、部材の寸法や形状にバラつきがあっても対応しやすい。竹のように繊維方向に裂けやすい材料でも安心して使うことができる。また、細い材料を束ねて縛ることで建材として使いやすい形状にすることもできる上、こうした不整形な素材を固定する際にも縛る技術はとても使いやすい。寸法的な許容度の高い技術の一つ。

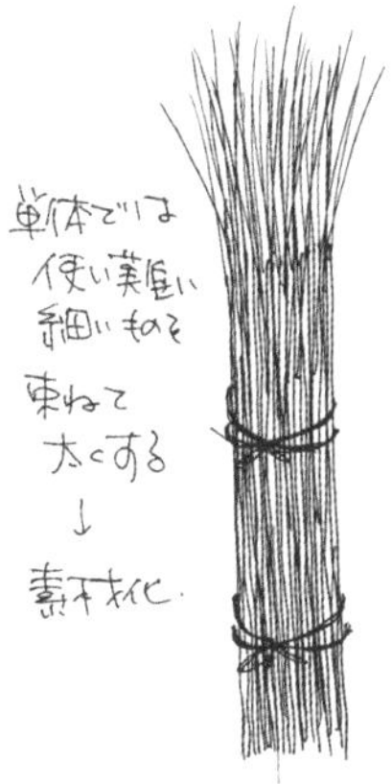
単体では
使い難い
細いものを
束ねて
太くする
↓
素材化

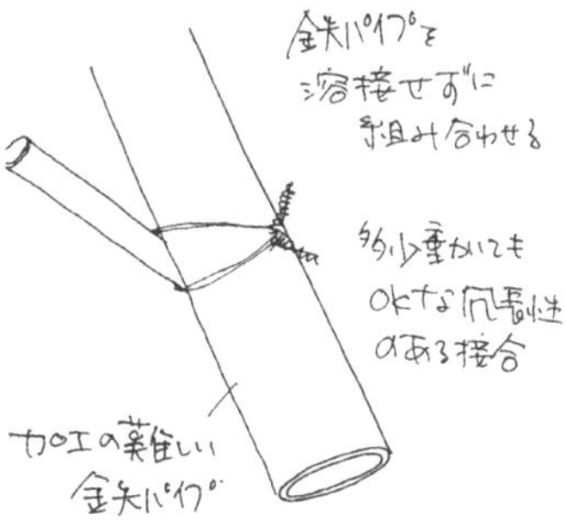
金属パイプを
溶接せずに
組み合わせる
多少動いても
OKな汎用性
のある接合
加工の難しい
金属パイプ

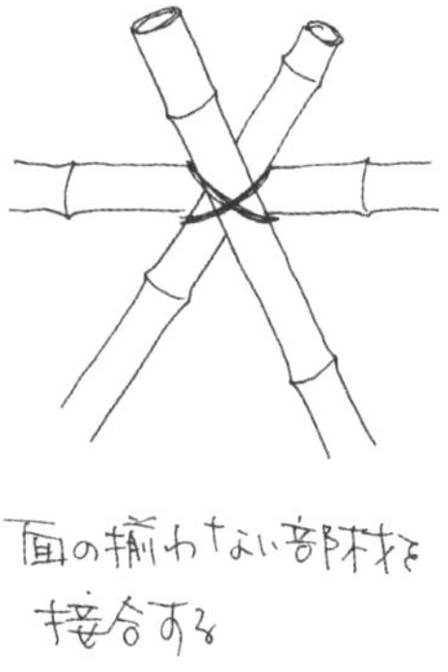
面の揃わない部材を
接合する

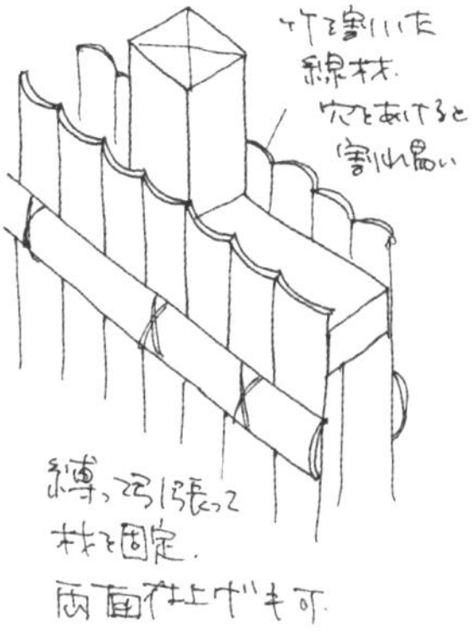
竹を割いた
線材.
穴をあけると
割れ易い
縛って引張って
材を固定.
両面仕上げも可.

積む

1

2

3

4

石垣

傾斜地に平場を造成する場合、何がしかの手段で法面を作ることが必要になる。現在ではコンクリートの擁壁を用いることが一般的だが、かつては石を積む方法が各地で採用されていた。材料の石は近場で調達することになるので、場所によって形状が異なる。また、どれくらい手間をかけるかでも積み方が分かれ、「野面積み」「切込接」などの分類があるが、ただ、原則はほぼ同じ仕組みである。やや傾いた面を作り、そこに小さめの石（ぐり石）を詰め、そこにもたれかかるように積み石を配置。その重さで土圧に対抗している。必然的に隙間ができるので、そこから水が抜け、法面の崩壊を防ぐ。コンクリートの擁壁は、壊れたら専門業者にしか補修ができないが、石積みは、技能があれば、誰でも補修できる。しかしかつて生活の中に存在していたその技能は、現在では失われつつある。こうした技能の継承は、コンクリートの擁壁よりも持続可能性を高めるのかもしれない。

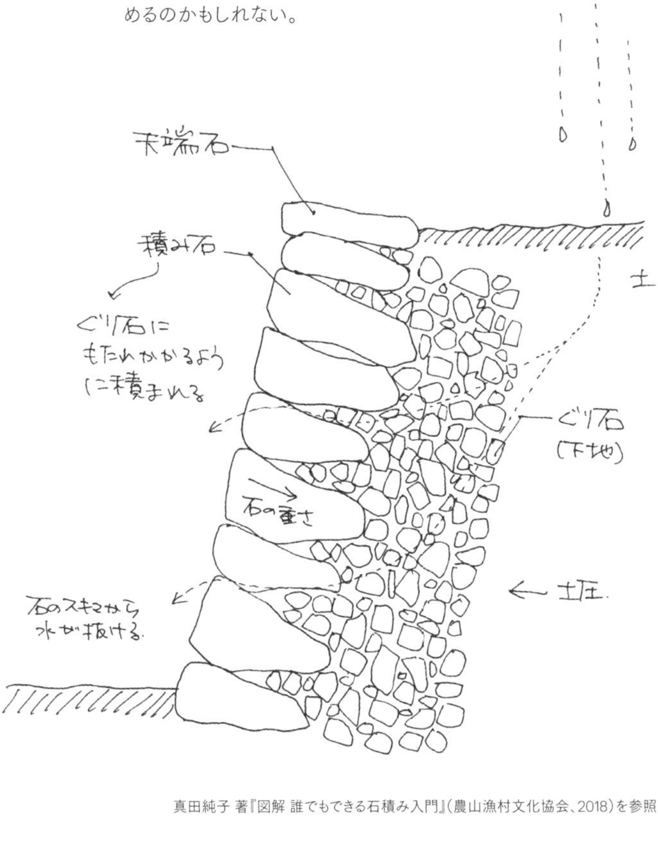
天端石
積み石
ぐり石に
もたれかかるよう
に積まれる
土
ぐり石
(下地)
石の重さ
土圧
石のスキマから
水が抜ける

真田純子 著『図解 誰でもできる石積み入門』（農山漁村文化協会、2018）を参照し筆者作成

1

石と芝生

アイスランドの石垣。石の種類や形状にはその土地の状態がダイレクトに反映され、場所ごとに手に入るものが異なる。一般的に丸石は、引っ掛かりが作りにくく、石同士の噛み合わせで擁壁を作る「空積み」で積み上げるのは容易ではないが、ここでは間に「芝のシート」を挟むことで、その問題が解決されている。「空積み」と「練積み」(石の間をモルタルなどで埋める積み方)の中間のような工法だが、練積みで問題となる排水の確保は心配なさそうだ。芝が育てば、その根によって強度が上がることも期待できそうに見える。

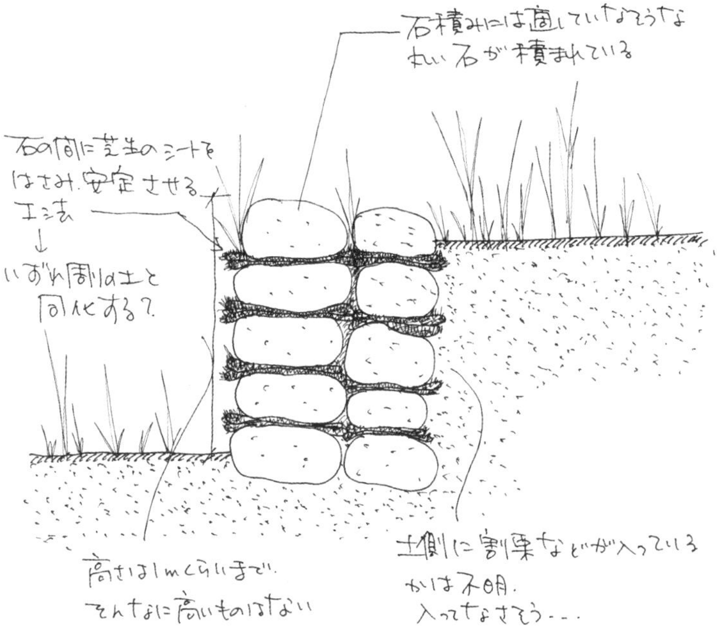
石積みには適していなそうな
丸い石が積まれている
石の間に芝生のシートを
はさみ.安定させる
工法
↓
いずれ周りの土と
同化する?
高さは1mくらいまで.
そんなに高いものはない
土側に割栗などが入っている
かは不明.
入ってなさそう…

1

おとめ石

徳島県の諭田・大原地区にある、「おとめ石」を積んで作られた塀。おとめ石とは、貴重な石として庶民の採取が禁止されていたもので、現在残っているのは禁止の解けた明治以降に構築されたもの（採取が禁じられていたので「御止め石」→「おとめ石」との説が有力）。ここでは石を大きさで分類し、大きなものを下部に、小さなものを上部に使っている。これにより、構造的な安定を得ると同時に、素材の特徴が意匠化されていて、特徴的な街並みを形成している。小さなものを集合させて全体が構成されているため、部分的な修復や更新・改変がしやすいことも「積む」技術の特性の一つだと言える。

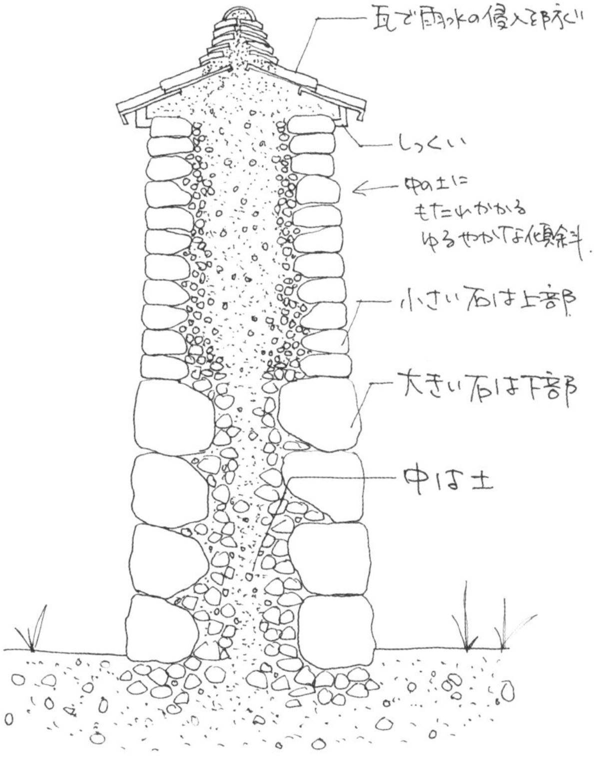
瓦で雨水の侵入を防ぐ
しっくい
中の土に
もたれかかる
ゆるやかな傾斜
小さい石は上部
大きい石は下部
中は土

1

組積と横架材

「積む」というのは最も重力に従順な行為だ。石を積んで作られた建物は鉛直荷重に対して堅固で、外界の脅威を遮断し人間の生活空間を確保する。石は腐ることがなく、耐久性が高い。雨に対しても強く、重さゆえに風で飛ばされる可能性も低い。こうした理由から外部仕上げには適した素材である。人間の力で運搬できる大きさの石を一つひとつ積む行為は重機を必要とせず、壊れた時にメンテナンスしやすい。

しかし建築は、床を張ったり屋根をかけたりと、時として重力に抗わなければならない。イタリア山間部の組積造は、床や屋根の下地に木を用い、適材適所で素材を使い分けることでこの問題を克服している。

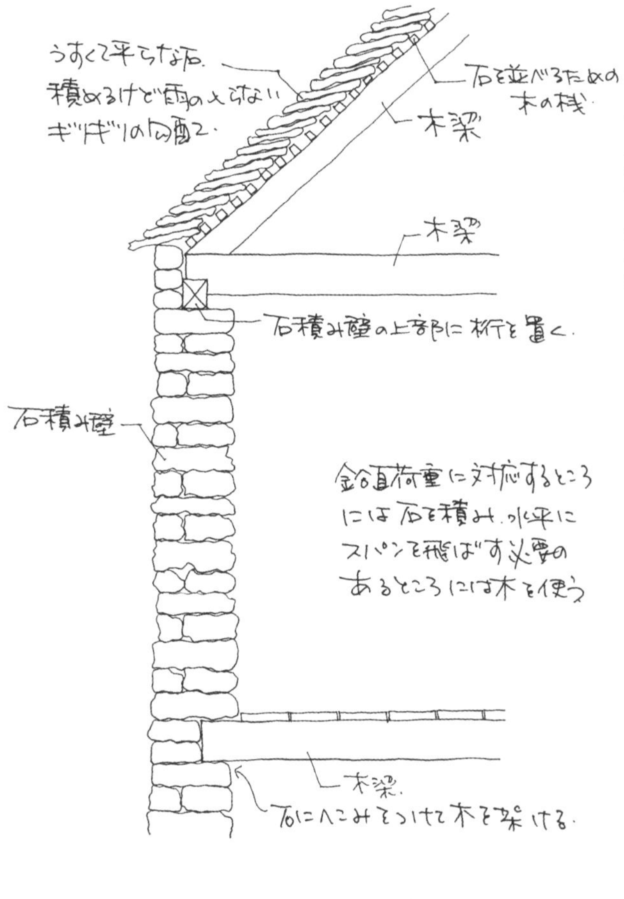
うすくて平らな石。
積めるけど雨の入らない
ギリギリの勾配で。
石を並べるための
木の桟。
木梁
木梁
石積み壁の上部に桁を置く。
石積み壁
鉛直荷重に対応するところ
には石を積み。水平に
スパンを飛ばす必要の
あるところには木を使う
木梁。
石にへこみをつけて木を架ける。

張る

1

吊るための選択

張る技術。木材置き場の建具は大きさが必要だが、大きな扉はその分重量も大きくなり、開閉に機械的な造作や動力が必要となる。また、フォークリフトなどの往来を想定すると地面にレールなどの凹凸が出ない吊り形式の方が好ましく、なおさら扉の重量には配慮が必要となる。そのためここでは、扉の骨組みを鉄パイプで組み、面材をターポリンシートとして張ることで軽量化が図られている。気密性や水密性、防音性などを確保しようとするとこうした仕様では不十分となるが、「何を防げばいいか」に着目し、そこへの応答に徹することで、一般的な仕様とは異なる素材の選択が可能となる。

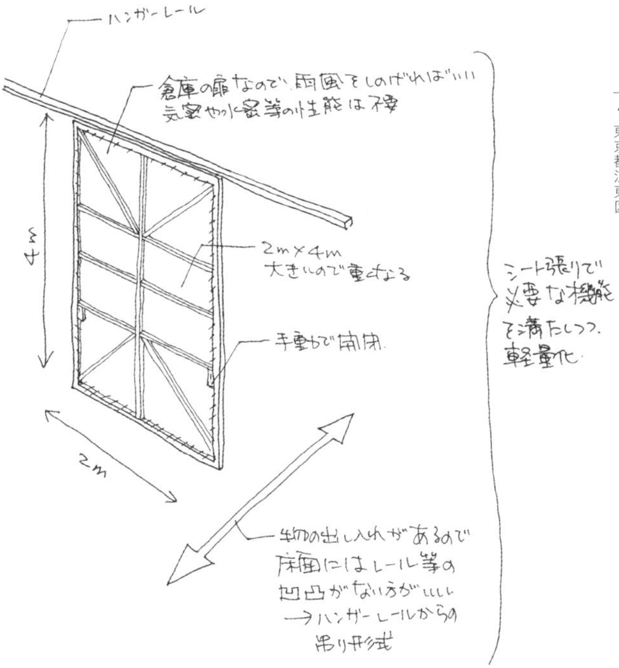
ハンガーレール
倉庫の扉なので、雨風をしのげればいい
気密や水密等の性能は不要
4m
2m×4m
大きいので重くなる
手動で開閉
2m
物の出し入れがあるので
床面にはレール等の
凹凸がない方がいい
→ハンガーレールからの
吊り形式
シート張りで
必要な機能
を満たしつつ、
軽量化

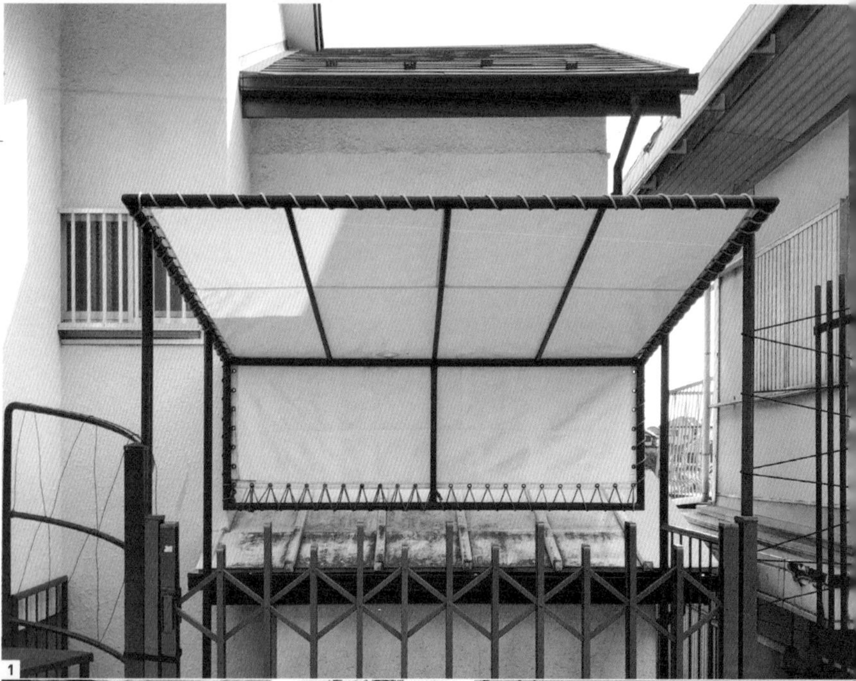

1

2

3

遮るもの

壁を立てたり屋根を掛けたりする時、そこには何かを遮断する必要が発生している。視線を遮ったり、雨風をしのいだり、音を防いだり…。建築において内部と外部を分節する際には、遮断しなければならない外的要因がたくさんあるため、それなりに強い境界を作って一手でそれらの要素を遮断することが一般的である。つまり壁や屋根は、熱性と、遮音性、防水性、気密性、耐久性などなど、多くの性能担保を引き受けている。

しかし、場合によってはその性能が過剰になっていることもある。雨だけをしのぎたい、視線だけを遮断したいなどの場合は、もっと簡易的な方法、例えばシート一枚で解決する場合もある。「何が必要か」を解きほぐしていくと、壁や屋根の作り方は格段に多様になる。

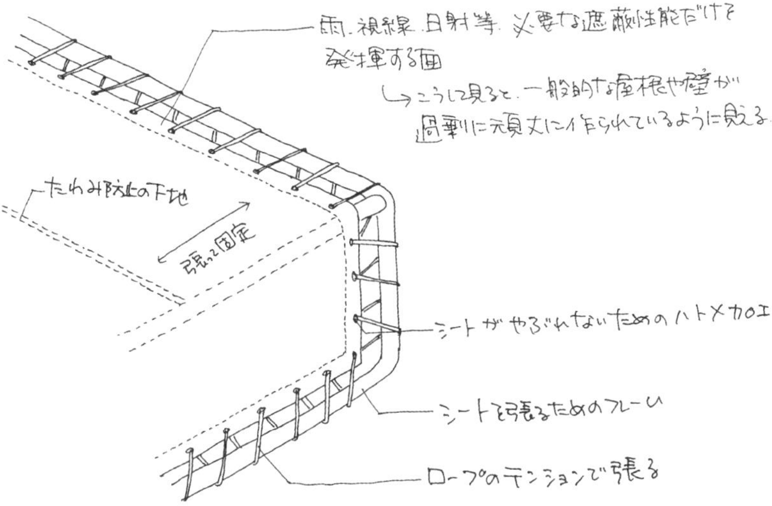
雨、視線、日射等、必要な遮蔽性能だけを発揮する面
↳こうして見ると、一般的な屋根や壁が過剰に頑丈に作られているように見える
たわみ防止の下地
張って固定
シートがやぶれないためのハトメ加工
シートを張るためのフレーム
ロープのテンションで張る

1 神奈川県横浜市 — 2 東京都青梅市 — 3 埼玉県川越市

横浜の住宅（神奈川県横浜市）｜撮影：山岸剛

横浜の住宅（神奈川県横浜市）

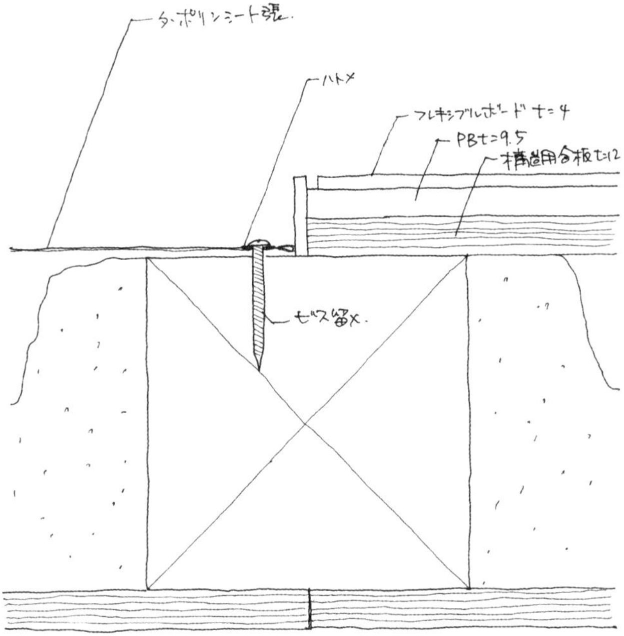

ターポリンシート張
ハトメ
フレキシブルボード t=4
PB t=9.5
構造用合板 t=12
ビス留メ

横浜の住宅———建築には様々な「仕上げ材」がある。ビニルクロスや塗装は特に住宅の内装仕上げでよく使われる仕様で、その下地には多くの場合、石膏ボードが用いられる。ボードを張り、目地をパテ処理で消して一体化した上にクロスを貼ったり色を塗ったりする。他にも石やタイル、木材など、様々な材料が仕上げ材として用いられるが、いずれにせよ、仕上げ工事とは室内に表出する「面」を作っていく作業だと言える。

では、仕上げとして「面」に求められるものとは何か。例えば何かがぶつかったときに壊れにくいとか、汚れた時に掃除がしやすいといった性能的な要求、あるいは時計を掛けたりポスターを貼ったりといった機能的な要求が挙げられるが、もう一つ、そもそもの前提として壁の中の下地や断熱材、配線類といった臓物を隠すことも重要な役割である。つまり内装仕上げを検討することは、その前段として「なにかを隠す、視線を遮るための面」に対する要求があり、それを叶えた上で、面を構成するために素材を選んでいるのだと考えることもできる。裏側が見えないように視線を遮れるものであれば、その素材が板状である必要はない。

「横浜の住宅」ではターポリンシートを張って壁面を仕上げている。シートなら経年変化によって板の継ぎ目にヒビが入ったり、壁紙が剥がれてきたりする心配もない。ロープでテンションをかける仕様ではなく、端部をビス留めしているだけの納まりなので、押せばたわみ、風に揺らぐ不安定な状態だが、その心許なさが、板材による造作とは異なった柔らかさをもたらしている。

塗る

1

2

3

4

5

塗装の抽象と具体

建築における塗装には、大きく分けて二つの使用目的がある。一つは材料の表面を塗膜で覆って保護する表面処理。防錆や防汚、耐火・耐久など、塗料で外的要因から母材を保護する機能的な役割を担う。もう一つは着色で、こちらの場合は機能というよりは「意味」だったり「イメージ」だったりがその目的となる(もちろん白い壁で光を拡散させるとか、黒い塗装で熱を集めるといったように、色に機能的な目的が重なることもある)。

機能的な塗装はその対象と役割が具体的に決まっていて、例えば防錆塗料は鉄部に塗られ、仮に隣に木があってもそこも同じように塗られることはない。溶剤系、顔料系、樹脂系といった具合に様々な種類があり、目的や母材によって選択される。工程も下地処理、下塗り、中塗り、上塗りなどの仕様が細かく指定され、それを遵守することできちんとした性能が発揮される。

一方で色をつけることが目的の場合、母材が鉄だろうがコンクリートだろうがプラスチックだろうが(もちろん好ましいことではないが)、お構いなしに一気に塗りたくられるということも少なくない。塗料の性能を正しく発揮させるには母材によって塗料を使い分け、各々マスキングして塗り分けることが本来だが、それには手間がかかるし、そもそも厳しい性能的な要求のない場合は、多少剥げてもまた塗り直せばいい、くらいに判断されることもある。もし「壁を青く」したいのならば、全て同時に塗って同化させてしまった方が、話が早い。塗装は壁面、設備機器、配管、配線といった「異なるもの」を同じ分類だと位置付けるには有効な手法なのだ。あるいは同じ外壁でも色を塗り分けることできる。そうすることで、一つの塊だった建物がいくつかに分節されたように認識されるようになる。いずれにせよ、これらは建物を抽象的に捉えるための手法だと言える。「色をつける塗装」にはこうした効能がある。

具体的な性能や機能と、抽象的な概念や形態の意味付け。塗料は、様々な母材に寄生しながら具体と抽象を横断する、稀な建材だと言える。

1 東京都品川区 — 2 東京都港区 — 3 イタリア ブラーノ島 — 4 スペイン サンタパウ — 5 スペイン サンタパウ

敷く

1

材と施工の精度

「敷く」技術は積んだり組んだりする技術に比べ、重力の制約を受けにくい。材と材が連結して荷重を伝えていく必要がないため、精度の粗い素材をそのまま使うこともできるし、精緻な施工の正確さがなくても成立する。一方で素材そのものが人や物の重さを受け止める必要があるため、材自体の強度や耐久性は重要な要素となる。どこにどういった目的で使うかで建材に要求される精度や性能は異なるし、逆にどれくらいの精度を出せる素材かによって使い方や使う場所を見極めることも重要となる。

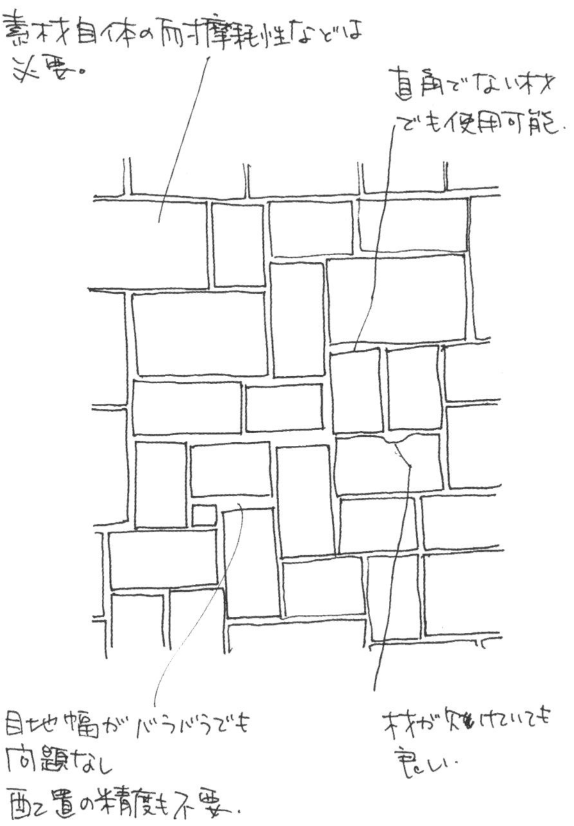
素材自体の耐摩耗性などは必要。
直角でない材でも使用可能.
目地幅がバラバラでも問題なし
配置の精度も不要.
材が欠けていても良い.

久我山の住宅（東京都杉並区）｜撮影：山岸剛

久我山の住宅（東京都杉並区）

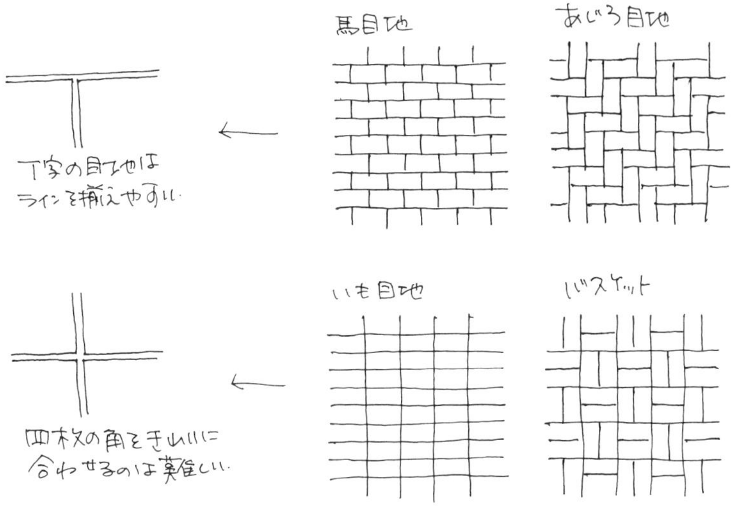
馬目地
あじろ目地
T字の目地は
ラインを揃えやすい
いも目地
バスケット
四枚の角をきれいに
合わせるのは難しい

久我山の住宅――――板材をそのまま表しで仕上げとする場合、その材には物理的な大きさの制約があり、自ずと材の繋ぎ目、すなわち「目地」が出てくることになる。壁を抽象的な面として捉えれば目地はない方がよく、できるだけ目立たないように処理することが望ましいが、しかしどうせ消すことができないのであれば「いかに目立たないか」よりも「どう見せるか」を検討する方法を選択することもできる。

目地をどう取り扱うかは、これまでも多くの挑戦が行われてきた問題で、いも目地、馬目地、網代目地、市松目地など、様々な作法が共有されている。意匠的な特徴のみならず部材の大きさや製品精度などによってその選択がなされるが、目地を積極的に受け入れる場合、施工の精度(目地の通り)が見た目の印象を大きく左右する点には注意を払わなければならない。

「久我山の住宅」では、目地を目透かしの千鳥とし、はっきりと見せつつ、交差部をT字とする方法を選択している。T字の交差は十字の交差に比べて部材の調整が容易で、目地の通りを出しやすい。細かい調整の効きにくい大判部材で、端正な目地割を作り出している。

留める

1

2

3

4

固定の原理

別々の材と材を物理的に結合する技術の一つに、ネジなどを使って留める方法がある。ただし、一言で「留める」といっても、そこにはたくさんの方法がある。建設において使用される固定方法はボルト、釘、ビスなどが一般的だが、それぞれ材同士が固定される原理は、材に穴を開けて両側から締め付けるボルト、打ち込むことで水平方向のズレを抑制する釘、ネジ山で摩擦を高め、引抜きに対抗するビスといった具合に様々だ。材の特性やその場所にかかる力を考慮し、適切な固定方法を選択する必要がある。また、ビスや釘の頭は表面に出てくることが多いため、物理的にものを固定するだけでなく、見た目の問題も避けて通ることはできない。

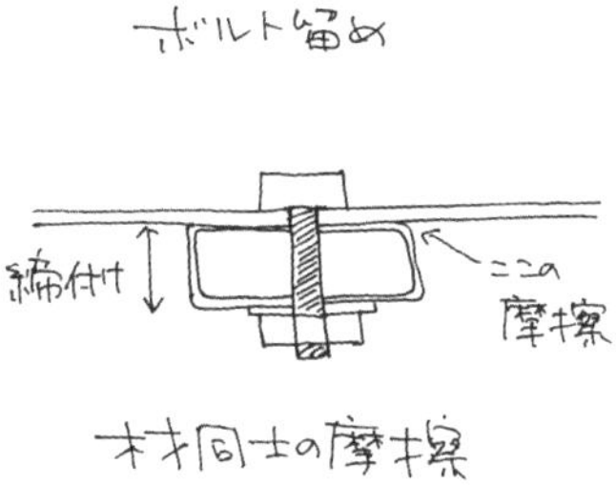

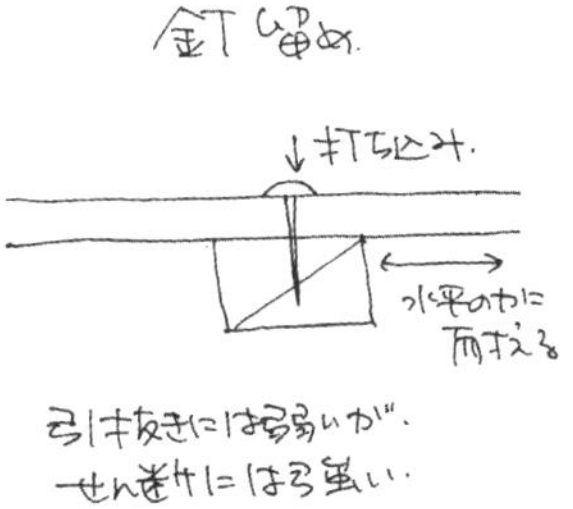

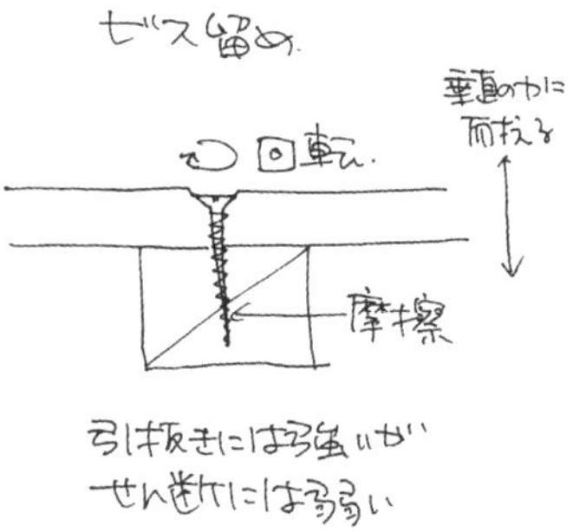

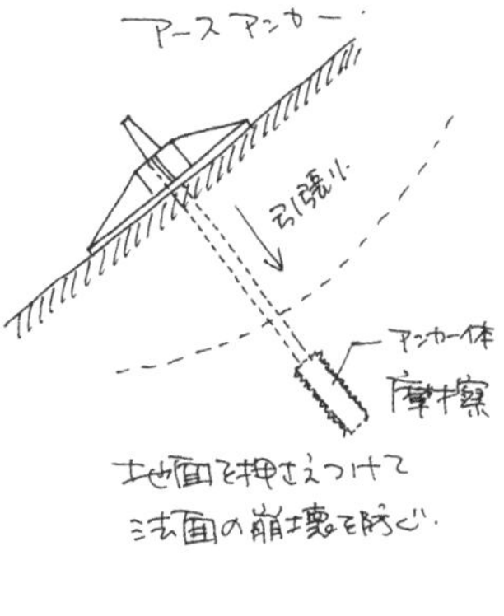

ほんの庵（宮城県仙台市）

ほんの庵（宮城県仙台市）

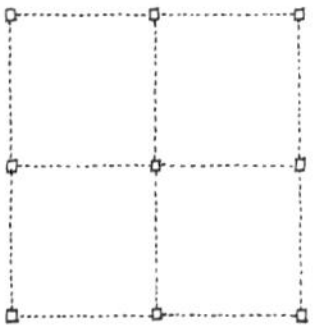

四つ間取り

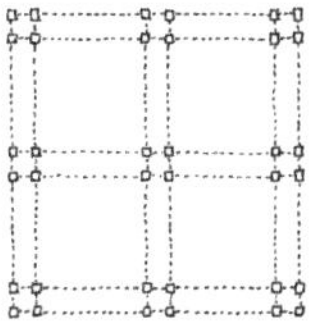

ダブルライン四つ間取り

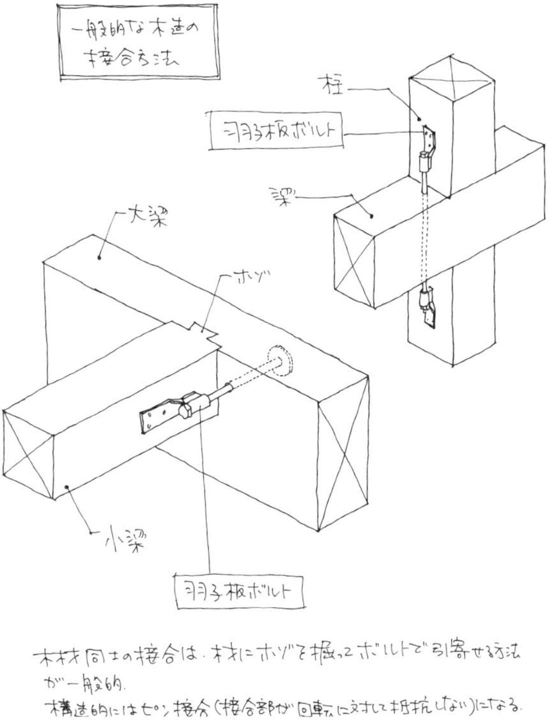
一般的な木造の
接合方法
柱
羽子板ボルト
梁
大梁
ホゾ
小梁
羽子板ボルト
木材同士の接合は、材にホゾを掘ってボルトで引寄せる方法
が一般的。
構造的にはピン接合（接合部が回転に対して抵抗しない）になる。

ほんの庵―――柱や梁を組み合わせて架構を組む現代の木造建築技術は、部材同士をホゾとボルトで固定する接合方法で成り立っている。そのため、基本的には接合部は全てピン接合となり、水平力を負担するためには筋交などの斜材を用いるか、合板などで面を作ることが必要となる。

「ほんの庵」ではダブルラインで描かれた四つ間取りで平面を構成し、ダブルラインの部分に筋交を入れることで水平力に対応する架構計画としている。ダブルラインで描かれた平面は、空間の分節を流動的に変化させ、個人的な利用から大人数の集会まで、様々な場所の使われ方に柔軟に対応できる冗長性を実現する。

木材の線材同士は剛接合にすることが難しいという素材・構法の特性に則りながら、計画に求められる機能性と素材の持つ技術特性を両立させるための架構計画となっている。

V

気候風土

動物が生きていくためには周りの環境から身を守るための設えが必要だ。建築は、さしずめ人間が周辺環境との関係を取り結ぶために編み出した設えの一つだと言える。どんな材料を使ってどんな形の建築が作られるかは、その場所の気候条件に大きく左右される。

まず、気象条件によって地質や植生は異なり、それによって手に入る建材が変わる。樹木が多く育つような場所では木材が建材として入手しやすいし、土や粘土が多くあれば日干しレンガを作ることができる。そのほかにも岩や石、草、砂、氷など、人々はその場所で手に入る様々な材料を建材として利用してきた。

同時に、周辺環境のコンディションによって建築に必要とされる性能も大きく異なる。シェルターのように外的要因から身を守る建物がなければ生命が脅かされる場所（世界で一番寒い村として名高いサハ共和国のオイミャコンでは、冬の平均最低気温-50℃という環境で人間が暮らしている）もあれば、ちょっとした仕掛けで十分快適に過ごすことのできる場所もある。また、日本のように四季によって気候が大きく異なる場所もあれば、一年中ほぼ変わらない場所もある。海が近ければ塩害に気をつけなければならないし、豪雪地帯ではどうやって冬を乗り越えるかを考える必要がある。他にも雨や風、温度、湿度、標高など、様々なパラメーターがあり、そしてその組み合わせはさらに多様な環境を作り出す。

そして人間の生活環境を取り巻く気候風土のばらつきや、様々な環境要素の組み合わせは、その土地の文化や文明、集団のあり方にも影響し、当然ながら、建築の

徳島県美波町。トタンにコールタールを塗って潮風から守る。

形態にも直接作用してきた。建築学者の山本学治は、同じ温帯または冷温帯に属し植生の類似性もある日本とヨーロッパでも、夏に湿度の高い日本と、冬に湿度の高いヨーロッパでは建築の作られ方が大きく異なることを指摘している。*

一方で、その場所で手に入る材料やそこにある技術で周辺環境に対峙する営為には、性能的な限界もある。そのため、より高精度な環境制御を目指して高性能な建材が開発されたり、空調技術が発展したり、それらを供給するロジスティクスが整備されたりしながら、建築の作られ方は変化を遂げてきた。その結果、現在ではどんな場所でもそれなりに快適(とされている)な室内環境を作り出すことができ、むしろ今やいかにその環境制御を少ないエネルギーで実現するかが社会の課題となっている。この状態はうっかりすると、場所による気候差が軽減したかのように錯覚してしまいかねない。しかし、私たちが行っているのはあくまで内部環境の制御であり、外部環境まで人間がコントロールできるようになったわけではない。室内の環境調整は、外部との差分に対する介入なのだ。

建築の性能がどんなに向上しても、外的要因をいかに跳ね除け、取り込み、調整するかという取捨選択には向き合わなければならないし、「内外を往来する」という体験そのものをどのように形態に結びつけていくかを考えなければならない。その際、現在のような高度な技術的解決が普及する以前の環境調整方法から得られる学びは、全く色褪せない。

*『歴史と風土の中で 山本学治建築論集〈1〉』山本学治｜2007

外的要因への応答

1

地面に近づく

2

アイスランドでよく見られる建物の形式。石を積んで壁を立て、その上に木軸の合掌を載せる。壁の両脇には土を盛って壁を守り、屋根はトタンなどで葺く。屋根にも土を盛ることもある。小屋はできるだけ簡素に作られることが常だが、風が強く、気候の厳しいアイスランドでは、簡素なつくりだと風で吹き飛ばされてしまうのだろう。石も土も木材も身近で入手できる材料だが、その組み合わせが気候と対峙するかたちを導き出している。建物が密集していない場所では単体で風雨に耐える必要があり、「できるだけ地面に近づく」のは一つの有効な方法だ。

1 アイスランド イーサフィヨルズゥル ― 2 アイスランド イーサフィヨルズゥル

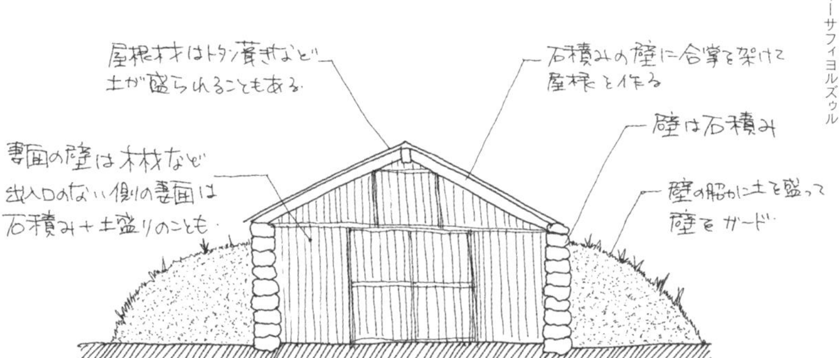
屋根材はトタン葺きなど
土が盛られることもある
石積みの壁に合掌を架けて
屋根を作る
壁は石積み
妻面の壁は木材など
出入口のない側の妻面は
石積み＋土盛りのことも
壁の脇に土を盛って
壁をガード

1

雪を割る

新潟県の豪雪地域には、棟部に「雪割板」と呼ばれる突起が設置されている建物が多く存在している。これは、建物の頂部で雪が繋がって固まることを防ぎ、まさに名の通り雪を二つに割って落雪させ、積雪荷重を軽減するための工夫である。住宅などでも用いられる設えだが、小規模の小屋のように、内部空間に柱を落としたり、太い断面の木材などを使うことに合理性がない場合には、より有効な方法だと言える。

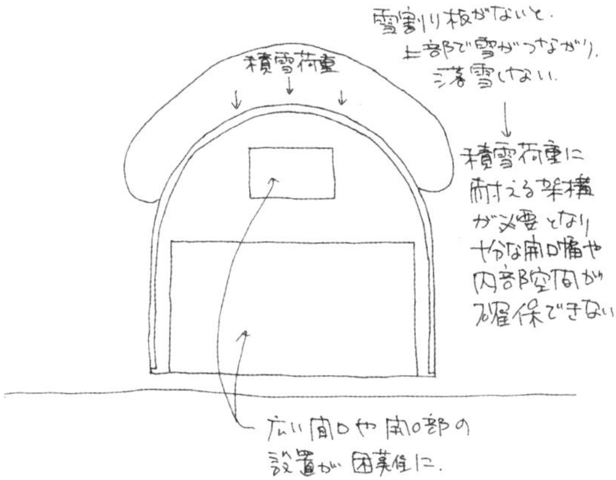
雪割り板がないと、
上部で雪がつながり、
落雪しない。
積雪荷重
積雪荷重に
耐える架構
が必要となり
十分な開口幅や
内部空間が
確保できない
広い間口や開口部の
設置が困難に。

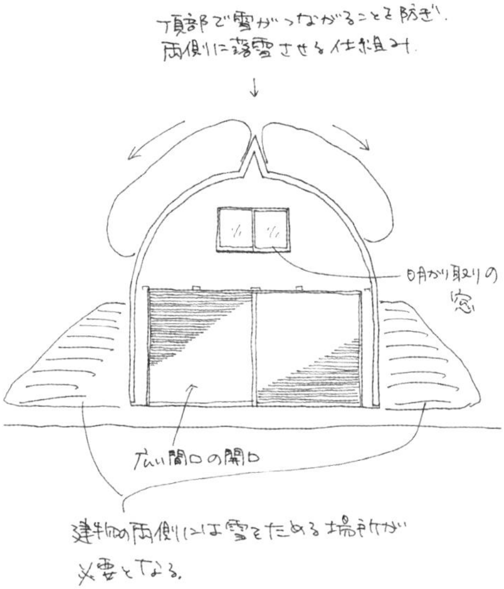
頂部で雪がつながることを防ぎ、
両側に落雪させる仕組み。
明かり取りの
窓
広い間口の開口
建物の両側には雪をためる場所が
必要となる。

1

雪を遠ざける

屋根を延長するように取り付けられた庇のような、屋根のような面材。豪雪地帯では冬の積雪からいかに建物を守るかが大きな課題となる。建物を頑丈に作ることがまず第一に考えられる対処方法だが、それには相応のコストがかかる。人間の生活する住宅ならともかく、小屋のような建物を頑丈に作ることに合理性が見出されることはあまりない。そこで、そもそも建物に悪影響を及ぼす雪を建物から離すことによって、簡易的な建物を成立させる工夫がなされている。

同時に、冬季以外のマイナス面を少しでも改善しようと、採光のとれる乳白のポリカ波板を使うなど、素材選定に配慮が感じられる。

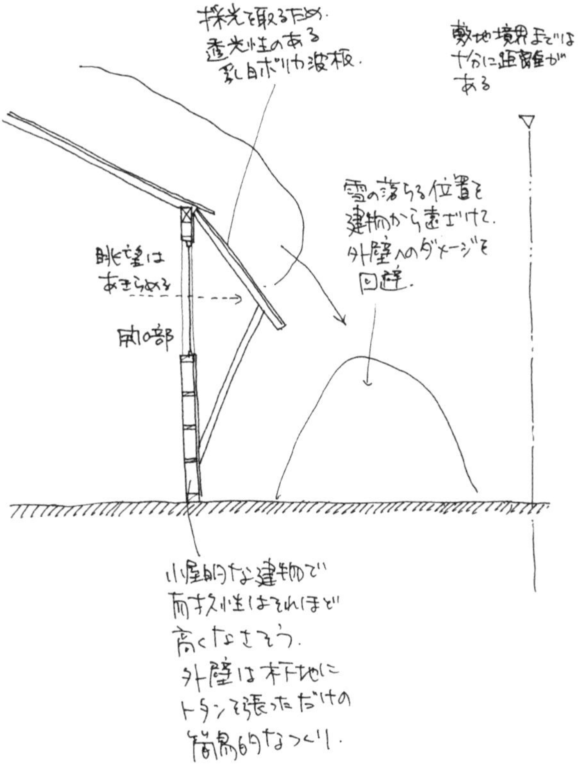
採光を取るため。
透光性のある
乳白ポリカ波板。
敷地境界までは
十分に距離が
ある
雪の落ちる位置を
建物から遠ざけて。
外壁へのダメージを
回避。
眺望は
あきらめる
開口部
小屋的な建物で
耐久性はそれほど
高くなさそう。
外壁は木下地に
トタンを張っただけの
簡易的なつくり。

1

風に耐える

能登半島の北西部では、冬季に日本海から吹き付ける猛烈な潮風から人々の生活を守るための建物のかたちを見ることができる。半島の西部に位置する赤崎集落では、この強風に耐えるため海側に開口部をほとんど持たない建物が並んでいる。外壁は油分を多く含んで潮風に強い「能登ヒバ」の下見板張りで、開口を設ける場合も鎧戸などを取り付けるなど、素材、工法、計画などあらゆる手段で風に対する応答がなされている。急峻な地形のため、防風林など平面的な奥行きの確保が難しいこの場所ならではの、気候と対峙する建物のかたちである。

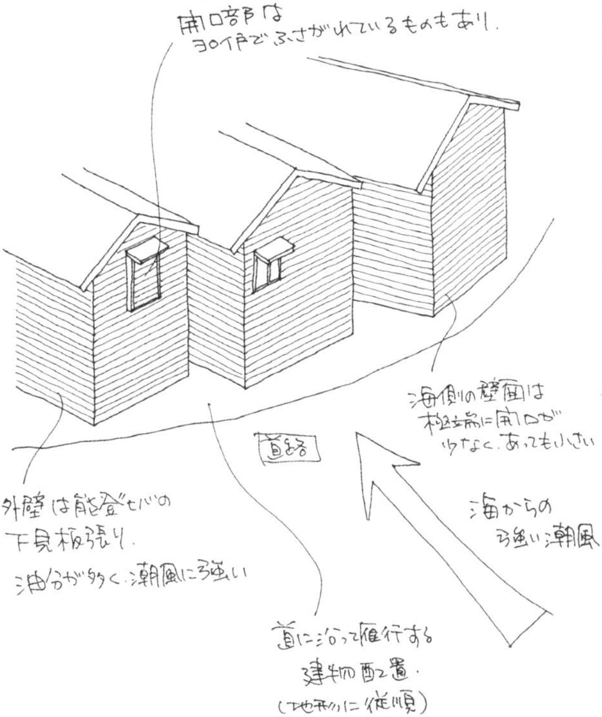
開口部は
ヨロイ戸でふさがれているものもあり.
海側の壁面は
極端に開口が
少なく.あっても小さい
道路
海からの
強い潮風
外壁は能登ヒバの
下見板張り.
油分が多く.潮風に強い
道に沿って雁行する
建物配置.
(地形に従順)

1

配置と屋根勾配

豪雪地帯の小屋。こうした簡易な建物の場合、構造を強化して屋根に雪を溜める方針は合理性を持たないため、屋根を傾けて落雪させる方法が選択されることが多い。その際、「どこに雪を落とすのか」を計画して建物の形状を調整しなければならない。入口や通路などの動線となる方向や、隣家が迫る方向には極力雪を落とさず、広さに余裕のある箇所に適切に雪を落とすことが基本であり、左の事例では屋根の大きさを変えることで、農地側に雪を落とす配慮がなされている。

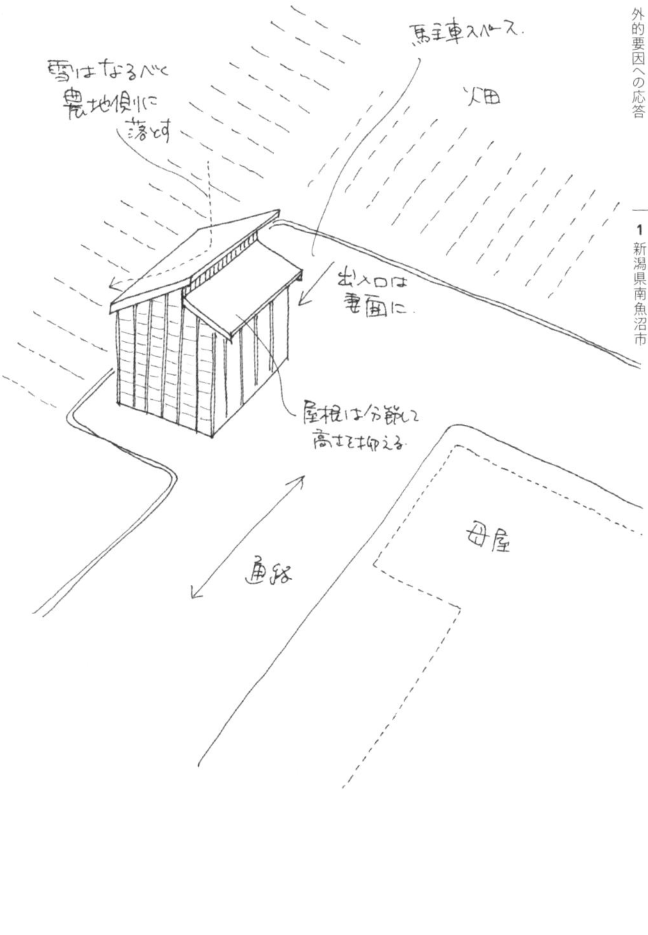
雪はなるべく
農地側に
落とす
駐車スペース
畑
出入口は
妻面に
屋根は分節して
高さを抑える
通路
母屋

1

バッファーを設ける

豪雪地帯、白川郷の倉庫。積雪に対応するため、外壁が躯体からセットバックして設えられており、外壁と躯体の間がバッファーゾーンとなっている。ここは農業資材などが収納される、半屋外の収納スペースとしても活用されている。外周の躯体には貫が配され、構造的に強度をあげながら、積もった雪が直接外壁に触れることのないように配慮されている。屋根は勾配の急な厚い茅葺で、ある程度は雪を落としながら、三角形の内部空間が確保される。雪は防水性能を脅かす水分を含んでいるだけでなく、荷重としても建物の負荷となるし、人間の行動も制限する。内部と外部の間にバッファーを設けることで、外壁への負担を軽減しつつ、冬季でも外部に収納・活動領域が確保されている。

　外的要因に対して分散的に応答しながら、建物の耐久性を高めると同時に使い勝手の向上も図られている建物のかたちである。

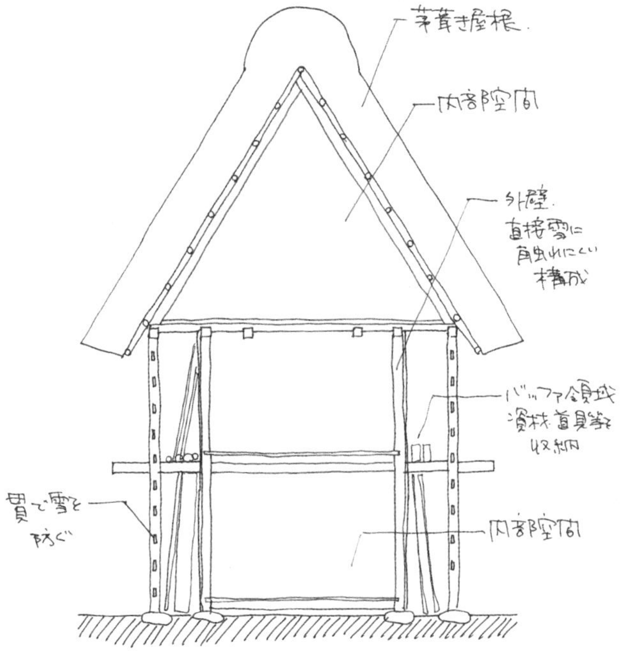
茅葺き屋根
内部空間
外壁
直接雪に触れにくい構成
バッファ領域
資材道具等を収納
貫で雪を防ぐ
内部空間

筑西の住宅（茨城県筑西市）｜撮影：山岸剛

筑西の住宅（茨城県筑西市）｜撮影：山岸剛

筑西の住宅———「筑西の住宅」は、もともと蔵だった建物を解体・移築して、新築された住宅である。「蔵」は様々な物品を保管しておくための建物であり、収容物を劣化させる外的要因を遮断することが重要となる。そのため閉鎖性の高い建物となることが一般的であるが、一方で住宅は内外の出入りが頻繁に行われる建物であり、そこではむしろ積極的かつ多義的に外的要因との関係を築いていく必要がある。そこで、この計画では元々の蔵の架構に下屋を付け足し、そこに軒下、ガラス戸、網戸、内土間、内縁、障子、と複数の境界を重ねることで、内外の関係調整を可能にしている。

日本には四季があり、外部環境の様子は季節によって大きく異なる。気温だけ見ても、夏は40℃近く、冬は氷点下という振れ幅があり、建築側はこの幅に応答した外部との関係調整能力を有していることが望ましい。その方法の一つとして、外壁や開口部の性能を向上させて外的要因に影響されない内部環境を整える方法もあるが、それはどちらかというと「蔵」的なアプローチである。むしろ頻繁な内外の往来を前提とすると、複層のレイヤーを重ね、その操作で外的要因の取捨選択を図る方法も有効な手段の一つだと言える。

1

組立・撤去・保管

冬の積雪から建物を守る雪囲い。積雪は建物にとって脅威だが、冬以外の季節に積雪対策が常設されると建物が過剰に閉鎖的となり、いろいろと不都合が生じる。そのため、これまでも見てきたように、積雪対策は仮設的な方法となることがある。ただ、仮設といっても毎年のことなので、組立・撤去・資材の保管が容易でなければならない。この雪囲いは、スノコ状に板を固定する金具のついた支柱を、足元の木材と上部の入隅部分で突っ張って固定している。ボルトやビスが不要で簡単に設置でき、部材は全て線材に分解できるので、保管収納も場所を取らない。

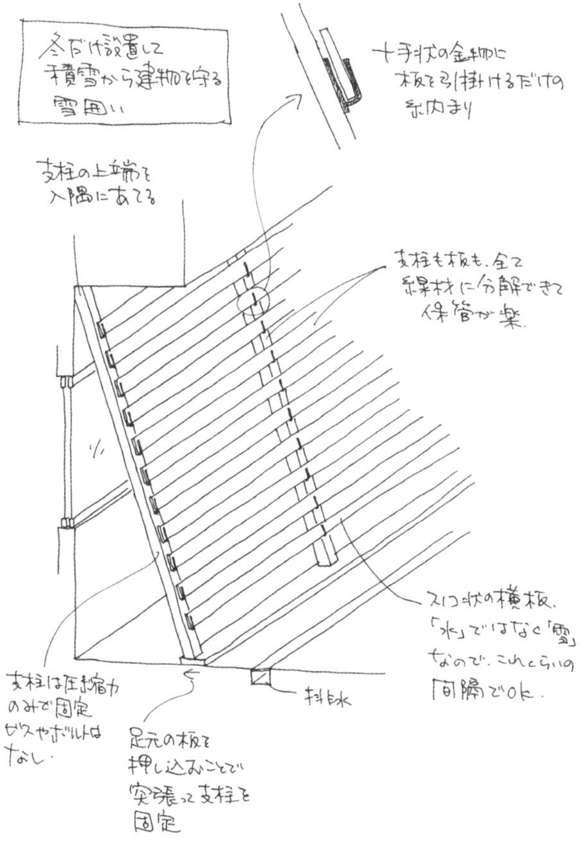
冬だけ設置して
積雪から建物を守る
雪囲い
十手状の金物に
板を引掛けるだけの
納まり
支柱の上端を
入隅にあてる
支柱も板も、全て
線材に分解できて
保管が楽。
スノコ状の横板。
「水」ではなく「雪」
なので、これくらいの
間隔でOK.
支柱は圧縮力
のみで固定
ビスやボルトは
なし。
足元の板を
押し込むことで
突張って支柱を
固定
排水

1

風をいなす

能登半島には、高さ5mほどの竹垣で囲われた集落がある。冬季に日本海から吹付ける強風を防ぐためだ。細い竹を束ね紐で縛って作られた垣は、強風を遮りつつも程よく通風し、風で倒壊することを防ぐ仕組みとなっている。下地は木材で作られ、裏側につっかえ棒とワイヤーが敷設され、圧縮・引張両方向の外力に対応している。下地と竹垣の固定には番線が用いられているが、これは元々蔓だったものが、火事の際に素早く切断し、竹垣を倒して延焼を防ぐことができるようにと改変されたらしい。

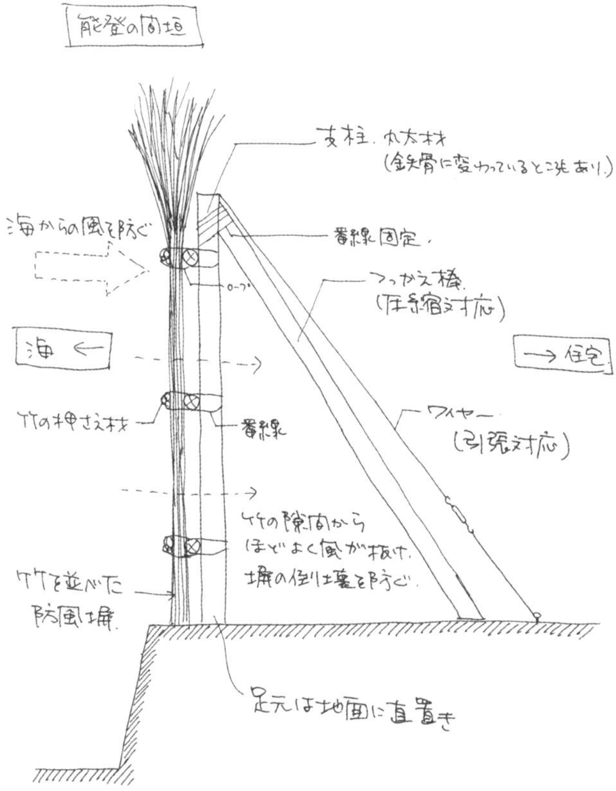
能登の間垣
支柱. 丸太材
(鉄骨に変わっているところもあり.)
海からの風を防ぐ
番線固定.
ロープ
つっかえ棒
(圧縮対応)
海 ←
→ 住宅
竹の押さえ材
番線
ワイヤー
(引張対応)
竹の隙間から
ほどよく風が抜け.
塀の倒壊を防ぐ.
竹を並べた
防風塀.
足元は地面に直置き

内部環境を調整する

外的要因を選ぶ

房総半島で見られるセンリョウ畑の囲い。センリョウは直射日光が当たると葉が焼けてしまうため圃場には遮光が必要で、この一帯にはビニルハウスならぬ、竹と単管パイプで作られた遮光ハウスが広がっている。竹を割って並べた壁・天井の遮光率は75%ほどで、内部空間は思いのほか明るい。屋根勾配はなく、竹の隙間からは雨が落ちるし、風通しもいい。光は遮り、それ以外の水や風は通過させるフィルターとなっている。農作物を育てるために、外的要因を取捨選択し適切な内部環境を作り出している。

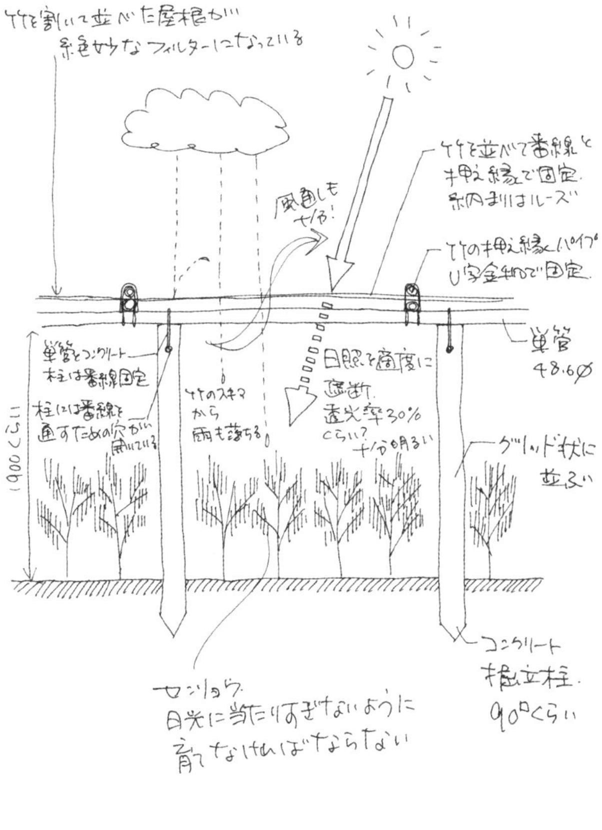

竹を割いて並べた屋根が
絶妙なフィルターになっている
竹を並べて番線と
押え縁で固定
納まりはルーズ
風通しもよい!
竹の押え縁(パイプ)
U字金物で固定
単管
48.6φ
単管とコンクリート
柱は番線固定
柱には番線を
通すための穴が
開いている
竹のスキマ
から
雨も落ちる
日照を適度に
遮断
透光率30%
くらい?
十分明るい
グリッド状に
並ぶ
1900くらい
コンクリート
控立柱
90□くらい
センリョウ
日光に当たりすぎないように
育てなければならない

1

越冬する小屋

かつて、新潟の豪雪地帯は冬季に積雪で隣接集落との交通が途絶え、陸の孤島と化すことが多かった。このような気象条件においては、食用鯉が貴重な蛋白源として重宝されていたという。その流れから、現在でも新潟の山村部では鯉の養殖が行われており、養殖小屋を多く見ることができる。

「越冬小屋」とも呼ばれるこれらの小屋は、冬の積雪や低温を克服するため様々な工夫がなされている。まず、積雪対策のコンクリート高基礎は防水性能を備えた養殖槽にもなっており、上部は木の軸組を透明のポリカーボネート波板で囲った温室のような作りとなっている。透明の屋根は自然に落雪する勾配で、積雪で日射が遮られることなく、冬季にも室内の温度を上げやすいよう配慮されている。一方夏季は通風で室温の調整ができるよう、壁面には大きな開口が開けられている。

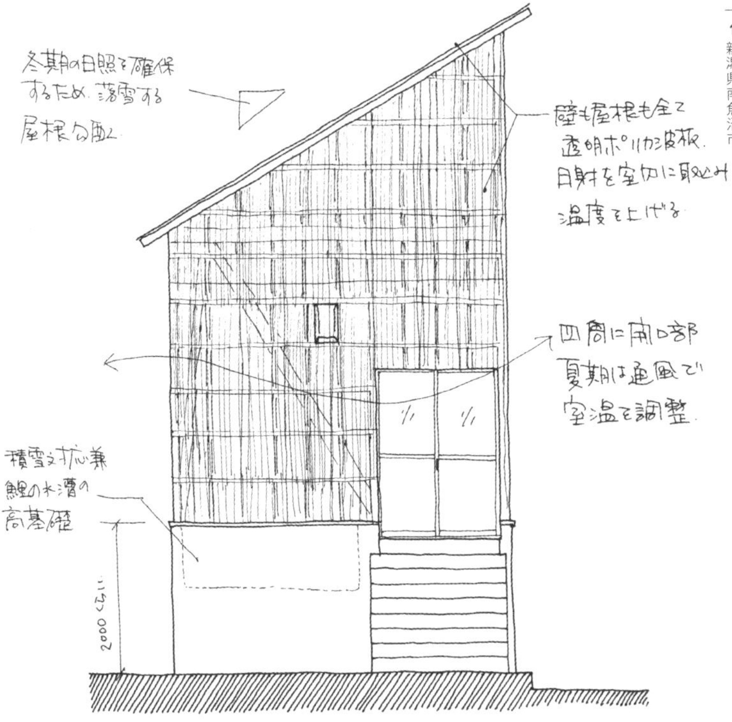
冬期の日照を確保するため、落雪する屋根勾配
壁も屋根も全て透明ポリカ波板。日射を室内に取込み温度を上げる
四周に開口部 夏期は通風で室温を調整
積雪対応兼鯉の水槽の高基礎
2000くらい

鹿嶋の住宅（茨城県鹿嶋市）

鹿嶋の住宅（茨城県鹿嶋市）

鹿嶋の住宅———「鹿嶋の住宅」は敷地面積が約1000m^2と、一般的な住宅の敷地面積と比べると格段に広い。鹿嶋市の気候は温暖で過ごしやすく、一年を通して外部環境の恩恵を享受しやすい場所だが、一方で持て余すほどに広い敷地面積に対しては、よほど内外の行き来を容易にする設えを用意しないと、雑草の処理ばかりが手間を食う、負の外部空間となってしまうことが懸念される。そこで、建物の四周に奥行き一軒の深い庇を回して軒下空間をつくり、土間やデッキを重ねながら複層的な中間領域を計画した。一方で、むやみに「大きな庇」を出すと基礎が大きくなってコストが嵩むし、むしろ庭と庇下がシームレスに滑り込んでいくような関係が重要だと考え、柱を落とさず、挿肘木で天秤をつくる構造を用いて持ち出す方法を採用した。屋根のない外部（庭）→土足で入れる軒下→室内から出られる軒下（デッキ）／土足で入れる室内（土間）→室内、という構成で、「内部」と「外部」という二項の間に段階的な領域を生み出している。

おわりに

「具体的」には「抽象的」という対義語がある。そして、建築を考える際には、抽象的な思考はとても使い勝手がいい。

もちろん、建築物は具体的で物理的な存在である。だが、他のプロダクトのように試作品を作っては壊し、物との格闘を経ながら改良を重ねて精度を上げていく、という設計方法を取ることが難しい。建設工事は一発勝負であり、設計者は、現場に入るまで具体的な事物に直面することができない。だから、設計においては図面や模型、ダイアグラムといった建築物を抽象的に表記するメディアに頼ることになる。また、建築を構成する材料は多岐に渡り、各々に目を向けていたら、なかなか全体像は把握できない。住宅ならまだしも、ちょっとした施設になれば利用者の数も多く、一人ひとりの具体的な人物像は明らかにできない。周りの気象や環境の条件も多様で、微差に目を向けたらキリがない。そういった無限に広がる個別性を一旦カッコに入れて抽象化することで、私たちはその全体像を把握し、利用者をイメージし、「建築」という対象に近づくことができる。このように、建築の設計と抽象的思考は相性が良いのだ。

しかしその便利さ・有効さゆえ、抽象的な思考は時として、建築が「抽象的である」ことを目的と化してしまうことがある。具体的な物体であるはずの建築物を抽象的な存在たらしめようとする挑戦はいたるところで行われているし、それどころか抽象的な造形は現代建築の重要なテーマのひとつになっている。

一方、だからといって建築そのものが抽象的な存在になることはない。建築はあくまでも物理的なモノの集合体であり、設計においても施工においても、その具体性を相手にしなければならない。

2003年から2005年にかけて、aat＋ヨコミゾマコト建築設計事務所のスタッフだった私は、富弘美術館新築工事の現場に常駐していた。富弘美術館は、「サークルプランニング」というシングルラインで記述される図式をもとに設計されている、まさに抽象的な思考がそのまま立ち上がったかのような建築である。当時の私にとってそのシングルラインはとても重要なもので、自分の役割は「その抽象的な概念をいかに建築化するか」だと考えていた。そして、そのために必死で取り組んでいたのが、実際に立ち上がる建物をどれだけシングルラインに近づけるか、つまり「いかに建築を抽象化するか」だった。ここに倒錯が潜んでいることに、当時の私は気づいていなかった。「抽象→建築化」と「建築→抽象化」。何が目的で何が手段なのか、あまりにも自然に、真逆なベクトルが同一化していたのだ。

　そんな中、私が現場で担っていたのは、膨大な技術的な検討だった。建築を構成する要素には、あらゆるものに寸法があり、厚みがあり、材の特性があり、納まりがあり、その要素同士があちらこちらで激しく衝突しまくる。その衝突をねじ伏せるために具体的なものの特性を理解し、どう構築するかを検討するという作業は、極めて具体的な「物の格闘」に他ならない。しかしその格闘は一発勝負だ。建設工事では繰り返しの検討は許されず、設計時に思い描いた抽象性に向かって建築をシングルラインに近づけることを目指して行われる。その作業は極めてエキサイティングで、最後に仕上げの石膏ボードを張って塗装が始まり、現場からどんどん「線」が消えていく様子を見ながら私は、えも言われぬ達成感を覚えていた。ただ同時に、膨大な物の存在が見えなくなることに一抹の違和感があり、気づけば取り憑かれたように仕上げ工事が始まる前の現場の様子を写真に収めていたのだ。その違和感によって、私は観察に導かれたたように思う。市井に溢れる具体的な事物に、かつて石膏ボードで覆い隠してしまった膨大な物の存在が纏っていた、生々しい魅力を重ねているのかもしれない。そんな具体的な建築の有り様を求めて、これからも私の観察は続いていくのだろう。

本書は、遅々として進まない私の作業に辛抱強く伴走し続けてくれた編集者、中井希衣子さんの存在無くしては出版に至らなかった。また、デザイナーの中野豪雄氏には私の拙い原稿を美しくまとめ上げ、内容以上に魅力的で伝わりやすいものに仕上げて頂いた。お二人の尽力に、深く感謝申し上げたい。

2023年11月
伊藤暁

具体的な建築
観察から得る設計の手がかり

2023年12月25日 第1版第1刷発行

著者
伊藤 暁

発行者
井口夏実

発行所
株式会社 学芸出版社
京都市下京区木津屋橋通西洞院東入
電話 075-343-0811 〒600-8216
http://www.gakugei-pub.jp/
E-mail info@gakugei-pub.jp

編集
中井希衣子

デザイン
中野豪雄（株式会社中野デザイン事務所）

印刷・製本
シナノ

ISBN 978-4-7615-2876-8

伊藤 暁（いとう さとる）
建築家。東洋大学理工学部建築学科准教授。1976年東京都生まれ。横浜国立大学大学院修了後、aat+ヨコミゾマコト建築設計事務所に勤務。2007年に伊藤暁建築設計事務所を設立し、2017年〜東洋大学で教鞭をとる。2010年より継続していた徳島県神山町での取り組みを、2016年ベネチアビエンナーレ国際建築展日本館展示に出展し、特別表彰を受賞。主な作品に「えんがわオフィス」「WEEK神山」「横浜の住宅」「筑西の住宅」など。主な著書に『共感・時間・建築』（2019,TOTO出版）、『en: Art of nexus』（2016,TOTO出版）、『3.11以後の建築：社会と建築家の新しい関係』（2014,学芸出版社）など。